高等职业教育汽车类专业规划教材

汽车底盘实习

QICHE DIPAN SHIXI

刘耀东　编著

U0650578

中国铁道出版社
CHINA RAILWAY PUBLISHING HOUSE

北京市版权局著作权合同登记　　　图字 01-2015-2974 号

内 容 简 介

　　本书共分 8 章，主要包括汽车底盘基础实习、传动系检修、车轴总成检修、制动系检修、悬架系检修、转向系检修、车轮检修、底盘定期保养等。每小节分为相关知识、技能项目等。相关知识强调汽车底盘的基础知识及故障的分析与检查；技能项目则系统地说明具体实习的操作步骤，并针对注意事项或重要步骤辅以相关图示，以增进学生学习成效。

　　本书适合作为高等职业院校汽车运用与维护、汽车检测与维修等汽车类相关专业的教材，也可作为汽车行业岗位培训材料或者相关行业工程技术人员参考用书。

图书在版编目（CIP）数据

汽车底盘实习 / 刘耀东编著. — 北京 ：中国铁道
出版社，2015.9（2018.8 重印）
高等职业教育汽车类专业规划教材
ISBN 978-7-113-20649-9

Ⅰ．①汽… Ⅱ．①刘… Ⅲ．①汽车－底盘－高等职业
教育－教材 Ⅳ．①U463.1

中国版本图书馆 CIP 数据核字(2015)第 147740 号

书　　名：	汽车底盘实习	
作　　者：	刘耀东　编著	

策　　划：何红艳		读者热线：（010）63550836
责任编辑：何红艳		
编辑助理：绳　超		
封面制作：白　雪		
责任校对：汤淑梅		
责任印制：郭向伟		

出版发行：中国铁道出版社（100054，北京市西城区右安门西街 8 号）
网　　址：http://www.tdpress.com/51eds/
印　　刷：北京虎彩文化传播有限公司
版　　次：2015 年 9 月第 1 版　　　2018 年 8 月第 2 次印刷
开　　本：787mm×1092mm　1/16　印张：12.5　字数：262 千
印　　数：2 001～3 000 册
书　　号：ISBN 978-7-113-20649-9
定　　价：39.80 元

前 言

本书为汽车底盘原理（刘耀东编著）的配套实习教材。主要内容包括：汽车底盘基础实习、传动系检修、车轴总成检修、制动系检修、悬架系检修、转向系检修、车轮检修、底盘定期保养等。

本书力求贴近企业实际作业情况，力图体现学习与工作的完美结合，尽力缩短学校和企业的距离，力求构建具有高职高专特色的精品教材。

每小节分为相关知识、技能项目等。相关知识强调汽车底盘的基础知识及故障的分析与检查；技能项目则系统地说明具体实习的操作步骤，并针对注意事项或重要步骤辅以相关图示，以增进学生学习成效。书中的"课堂思考"用以激发学生整理资料、创造思考的能力；教师也可借此了解学生学习的情况。

本书适合作为高等职业院校汽车运用与维护、汽车检测与维修等汽车类相关专业的教材，也可作为汽车行业岗位培训材料或者相关行业工程技术人员参考用书。

本书由刘耀东编著，并负责全书的统稿。在审稿、整理的过程中，得到了长春职业技术学院尹力卉、左晨旭、毕然、常兴华、范茜、修丽娜、杨峰等的大力支持，在此表示深深谢意。

由于编者水平有限，书中疏漏和不足之处在所难免，恳请各位专家和读者提出宝贵意见，以便再版时更正。

编 者

2015 年 4 月

目 录

Contents

目 录

Contents

第 1 章
汽车底盘基础实习

Chapter
1

本章学习重点

进行汽车底盘基础实习前，应先熟悉下列项目的操作：

1. 顶车技能。
2. 操作空气压缩机。
3. 塞尺、千分尺、百分表及游标卡尺的使用。

1.1 顶车技能

相关知识

从事汽车底盘保养、维修时，大多从顶车开始，而顶车技能是否正确、熟练，对工作人员的安全有重大影响，不可不慎。

① 千斤顶的使用

如图1-1所示，千斤顶使用前，须先关闭（旋紧）其回油阀，再缓慢将车顶起，直到能将三脚架放置在车身侧梁下方为止；之后，千斤顶把手须竖立，不可放下，以免绊倒人员，甚至导致车辆滑落千斤顶顶盘，造成意外。放下车辆时，要缓慢打开（旋松）千斤顶回油阀，以免千斤顶下落太快，造成危险。

△图1-1 千斤顶的使用

② 顶车机的使用

如图1-2所示，利用顶车机顶车时，可将顶车机臂尽量放宽，使车辆前后端保持平衡；达到预定高度后，须将安全爪卡在齿槽内，以保证安全。在使用顶车机的过程中，有异响产生时，应立即停止操作，离开车底下方，并降下车辆进行检查。

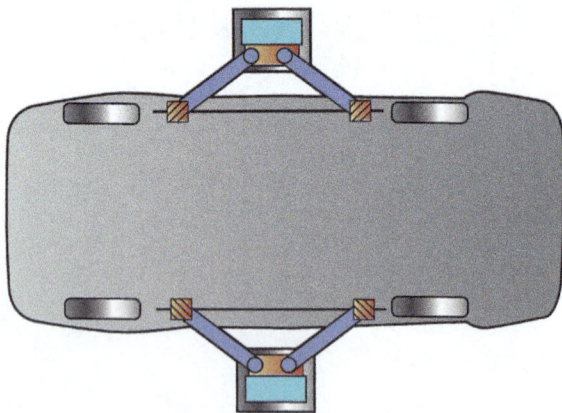

△图1-2 顶车机的使用

③ 顶车位置

（1）如图1-3所示，顶车辆前端时，须在后轮放置止挡块，以便将车辆挡住，然后将千斤顶顶在前悬架横梁处，且须确认未顶在发动机油底壳上，并将三脚架置于车身侧梁下方，如图1-4所示。

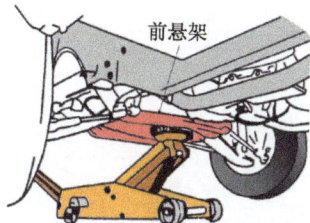

▲图1-3　借由前悬架构件顶起车辆前端

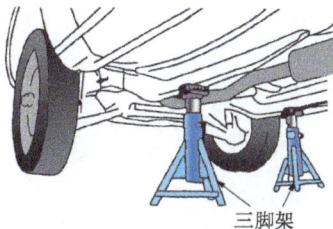

▲图1-4　三脚架置于车身侧梁下方

（2）如图1-5所示，顶车辆后端时，前置发动机后轮驱动车（FR式车）可将千斤顶顶在差速器壳下，但须注意不可撞击制动油管等管路。

（3）顶车身两侧时，须将千斤顶或顶车机顶在车侧加强梁的凹口处，若顶在其他地方会因强度不够而伤及车身。当然，也须注意不可撞击制动油管等管路。

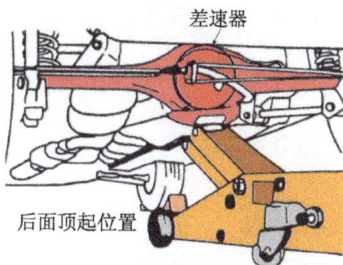

▲1-5　在差速器的位置顶起车辆

④ 安全事项

（1）如图1-3所示，利用千斤顶将车辆前端顶起时，须用止挡块挡住两后轮；反之，顶起车辆后端时，须用止挡块挡住两前轮，以免因车轮滑动，造成车轮滑落千斤顶顶盘的意外。

（2）如图1-5所示，利用千斤顶顶起车辆后，须用三脚架支撑车辆（如放在车身侧梁下方，如图1-4所示），除非需要在车身下方进行维修，否则，绝不可置身于车身下方，以免发生危险。

技能项目

实习名称	顶车技能	实习目标	（1）熟练千斤顶、顶车机的操作要领；（2）熟练顶车的操作要领
使用器材	实习车辆、千斤顶、顶车机、三脚架、止挡块	技能鉴定	机具设备操作第8题（见附录C）：千斤顶的使用（先下再上）

操作步骤

（1）关闭千斤顶回油阀，若使用顶车机则将顶车机臂尽量放宽。

（2）选择正确顶车位置顶起车辆。

（3）使用千斤顶时，用止挡块挡住欲顶起的相对车轮，如顶起车辆前端时，则用止挡块挡住两后轮，并将三脚架置于车身侧梁下方；而使用顶车机时，则一定要将安全爪放入齿槽内，以保证安全。

（4）放下车辆时，应先再稍微顶高车辆，以利取出三脚架或扳开安全爪，之后确定车身下方无人，再缓慢放下车辆。

技能鉴定 ⚙

机具设备操作第 8 题：千斤顶的使用（先下再上）

（1）试题说明、评审要点、评审表等可参阅附录 C。

（2）测试表：

工 作 项 目	检查结果（应检人填写）			评审结果（监评人员填写）		
	规范值	正常	不正常	合 格	不合格	备注
检查千斤顶功能	×	（　）	（　）			
顶车的位置	（　）	×	×			

课堂思考

请绘图说明可作为千斤顶或顶车机顶车的位置；若在不适宜的位置顶车，会有哪些不良影响？

1.2 操作空气压缩机

相关知识 ⚙

空气压缩机日常保养注意事项：

（1）空气压缩机在新机磨合期（约使用 100 h）后，须更换机油，以排除磨合铁屑，之后每 1 000 h 须定期更换机油。

（2）每日泄除储气筒中的积水。

（3）如图 1-6 所示，每日检查机油量，油面须保持在观油镜两红标线或红标线之上、下缘间；不足时，须补充 SAE30 特级循环机油。

（4）如图 1-7 所示，每月检查、调整传送带松紧度。在两带轮中点施力（3 ～ 4.5 kgf，1 kgf ≈ 9.8 N），传送带须下降 10 ～ 15 mm。

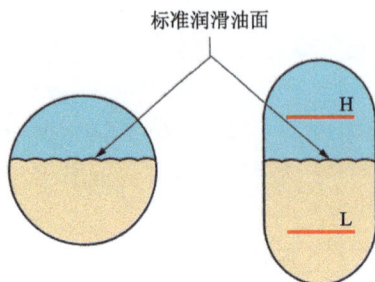

标准润滑油面
H
L

▲图 1-6　观油镜

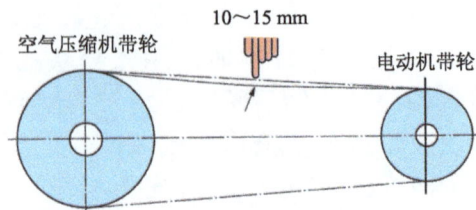

10～15 mm
空气压缩机带轮
电动机带轮

▲图 1-7　检查、调整传送带松紧度

（5）每 15 天清洁或更新空气滤芯。

（6）定期检查拉环及安全阀动作是否正常；安全阀在出厂时泄放压力已设定，不可任意调整。

（7）保护功能测试（A：半自动型；B：全自动型）：

半自动型：压力达到设定点后，制压阀动作，使压缩机处于无负荷的状态下运转。

全自动型：压力达到设定点后，压力开关自动切断电源，电动机停止运转。

技能项目

实习名称	操作空气压缩机	实习目标	熟练空气压缩机操作要领与保养
使用器材	空气压缩机、SAE30 特级循环机油、空气滤芯、气压管	技能鉴定	机具设备操作第 3 题（见附录 C）：操作空气压缩机

操作步骤

（1）开机前，先检查机油油面高度，若不足，则须补充机油至规定高度；之后检查空气滤芯、传送带松紧度与传送带覆盖状况，若不良，则须更换或调整。

（2）将排气开关全开，然后按下起动按钮，使空气压缩机在无负荷状态下起动运转，可延长空气压缩机使用寿命；起动运转约 3 min 后，若无异响，将排气开关关闭，使储气筒中的压力渐次升高到达预定压力，再进行保护功能测试。

（3）运转时，须检查压力表压力是否正常及传送带有无异响。

（4）将气压管连接空气压缩机出气阀端。

（5）工作结束时，关闭出气阀，拆除气压管，最后打开泄水阀将积水泄除。

技能鉴定

机具设备操作第 3 题：操作空气压缩机

（1）试题说明、评审要点、评审表等可参阅附录 C。

（2）测试表：

工作项目	检查结果（应检人填写）			评审结果（监评人员填写）		
	测量值	正常	不正常	合格	不合格	备注
机油油面高	×	（　）	（　）			
记录压力值	（　）	×	×			

1.3 塞尺、千分尺、百分表及游标卡尺的使用

相关知识 ⚙

汽车底盘实习常用的精密量具有塞尺、千分尺、百分表及游标卡尺等。

❶ 塞尺

如图 1-8 所示，塞尺由各种不同厚度的金属片组合而成，用来测量组件间的间隙，如测量轴端间隙、铜锥环与锥体间间隙。使用时，要将金属片上的异物去除、保持清洁，且不可用力将测隙片（金属片）硬挤入比它小的间隙中，避免测隙片弯曲、损坏。

△图 1-8 塞尺

❷ 千分尺

千分尺又称分厘卡，依测量内、外径的不同，可分外径千分尺及内径千分尺。外径千分尺如图 1-9 所示；内径千分尺如图 1-10 所示。

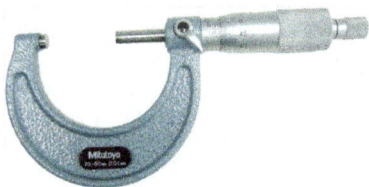

△图 1-9 外径千分尺

△图 1-10 内径千分尺

（1）千分尺使用注意事项：

① 千分尺使用前应先归零。

② 如图 1-10 所示，测量时，千分尺卡架须保持水平。

③ 测量轴承外径时，将千分尺固定测砧轻触轴承一端，然后旋转活动测砧（心轴）接触轴承另一端，直到棘轮响 2～3 声即可，过度挤压（太紧）会影响测量尺寸的精确性。

④ 可将测量组件垫高，直到双手使用千分尺不受空间限制，如此测量精度较易掌握。

（2）外径千分尺的读法。如图 1-11 所示，先读衬筒（内套筒）标线的尺寸，再加上外套筒上的尺寸，即为测量尺寸。

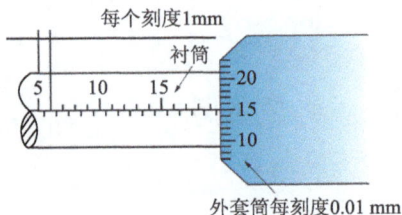

△图 1-11 外径千分尺尺寸刻度

例：衬筒（内套筒）上方的尺寸：19 刻度 ×1mm/ 刻度 =19mm；

衬筒（内套筒）下方的尺寸：0.5mm；

外套筒的尺寸：15 刻度 ×0.01mm/ 刻度 =0.15mm；

合计读数：19mm+0.5mm+0.15mm=19.65mm。

❸ 百分表

如图 1-12 所示，百分表又称针盘量规。通常针盘上每一刻度所代表的值为百分表的精密度，其值愈小，表示精密度愈高，汽车工场常用的百分表，其精密度为 0.01mm，用以测量传动轴、制动圆盘偏转及任何位置的间隙或端间隙等，此量具是发动机和底盘等最常使用的精密量具。使用百分表时，测试针与工件稍微接触，然后转动表面归零。特别注意，测试针轴移动方向须与工件测量平面垂直。

▲图 1-12　百分表

❹ 游标卡尺

如图 1-13 所示，游标卡尺是常用的长度量具。根据测量点的不同，可分为外侧量测、内侧量测、深度量测及阶段量测等，如图 1-14 所示。

▲图 1-13　游标卡尺

（a）外侧量测　　（b）内侧量测　　（c）深度量测　　（d）阶段量测

▲图 1-14　游标卡尺测量方式

（1）游标卡尺量测注意事项：

① 不可过度挤压游标卡尺的量爪。

② 如图 1-15 所示，应将量爪的平端紧靠测量对象表面，且游标卡尺须平行于中心线。

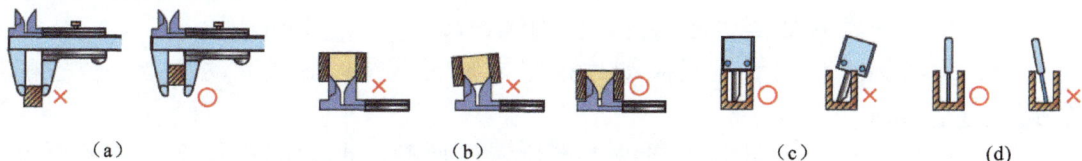

（a）　　　　　（b）　　　　　（c）　　　　　（d）

▲图 1-15　游标卡尺正确（〇）或错误（×）的测量

（2）游标卡尺读法。如图 1-16 所示，先读尺身标线的尺寸，再加游标尺寸，即为量测尺寸。因为本例为 1/50 mm 精度（即精度为 0.02 mm）游标卡尺，故游标每刻度为 0.02 mm。

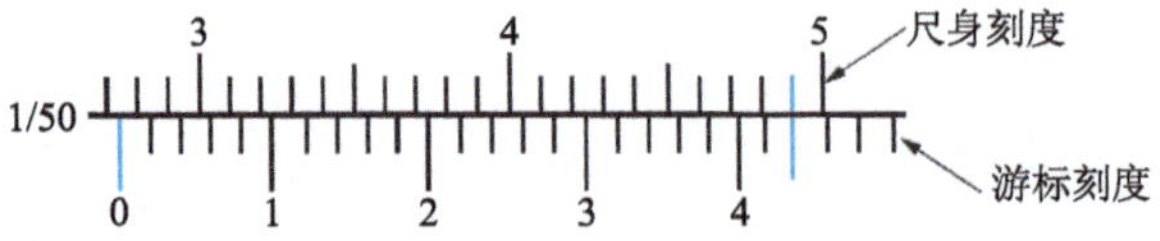

▲图 1-16　游标卡尺刻度

例：尺身尺寸（游标 0 刻度对准在尺身的刻度尺寸，即为尺身尺寸）：

$$2.7 \text{ cm}=27 \text{ mm}$$

游标尺寸（即上、下刻度对正的位置，本例在 22 个刻度）：

$$22 \times 0.02 \text{mm} = 0.44 \text{mm}$$

合计读数：27mm + 0.44mm = 27.44mm。

技能项目

实习名称	塞尺、千分尺、百分表及游标卡尺的使用	实习目标	（1）了解各种精密量具的读法。 （2）熟练各种精密量具的使用要领
使用器材	塞尺、千分尺、百分表、游标卡尺、变速器铜锥环与锥体、轴承、传动轴、制动片	技能鉴定	量测操作第 1 题的第（2）小题（见附录 B）：使用所提供的游标卡尺量测盘式制动片指定位置的厚度。 量测操作第 5 题的第（1）小题（见附录 B）：使用所提供的外径千分尺量测制动圆盘指定位置的厚度。 量测操作第 6 题的第（2）小题（见附录 B）：使用所提供的制动鼓内径规量测制动鼓指定位置的直径。 量测操作第 7 题的第（1）小题（见附录 B）：使用所提供的游标卡尺量测鼓式制动片指定位置的厚度。

操作步骤

（1）用塞尺量测铜锥环与锥体间间隙。铜锥环与锥体间间隙为_____mm。

（2）用百分表测量传动轴偏转。传动轴偏转_____mm。

（3）用游标卡尺测量盘式制动片指定位置的厚度。盘式制动片指定位置的厚度为_____mm。

（4）用外径千分尺量制动圆盘指定位置的厚度。制动圆盘指定位置的厚度为_____mm。

（5）用游标卡尺测量鼓式制动片指定位置的厚度。鼓式制动片指定位置的厚度为_____mm。

技能鉴定 ⚙

第 1 题　量测操作第 1 题的第（2）小题：使用所提供的游标卡尺量测盘式制动片指定位置的厚度

第 2 题　量测操作第 5 题的第（1）小题：使用所提供的外径千分尺量测制动圆盘指定位置的厚度

第 3 题　量测操作第 6 题的第（2）小题：使用所提供的制动鼓内径规量测制动鼓指定位置的直径

第 4 题　量测操作第 7 题的第（1）小题：使用所提供的游标卡尺量测鼓式制动片指定位置的厚度

（1）试题说明、评审要点、评审表等可参阅附录 B。
（2）操作精度：游标卡尺为 ±0.05mm；千分尺为 ±0.02mm。
（3）测试表：

测 量 项 目	测量结果（应检人填写）	评审结果（监评人员填写）		备注
	测量值	合格	不合格	
盘式制动片厚度（指定位置）	（　　）			
制动圆盘厚度（指定位置）	（　　）			
制动鼓内径（指定位置）	（　　）			
鼓式制动片厚度（指定位置）	（　　）			

课堂思考

各种精密量具的使用时机可否任意调用？如何以百分表测量铜锥环与锥体间的间隙？

综 合 测 验

一 实力测验

是非题

（　　）1. 游标卡尺尺身每刻度为 1 mm，游标为 50 刻度，则游标每刻度长为 1/50 mm。

( ) 2. 精度 1/50 mm 的游标卡尺，尺身每刻度为 1 mm，游标取 49 mm 为 50 刻度，每刻度 =（1×49×1/50）mm=0.98 mm，则尺身与游标每刻度相差（1-0.98）mm=0.02 mm=1/50 mm。

( ) 3. 米制 1/20 mm 游标卡尺，可测量的最小尺寸为 0.05 mm。

( ) 4. 0～25 mm 的外径千分尺不用时，主轴与砧座间不必保持距离。

( ) 5. 游标卡尺可用于测量工件的长短厚薄，但不能用于测量工件的外径与内径。

( ) 6. 转动中的工件，不可用外径千分尺测其外径，但用游标卡尺则无妨。

选择题

( ) 1. 如右图的千分尺读数为多少？
（A）17.20 mm （B）17.32 mm
（C）17.36 mm （D）17.86 mm

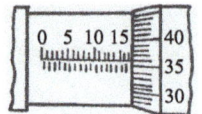

( ) 2. 千分尺砧面清洁应用什么？
（A）600# 砂纸 （B）油石 （C）棉布 （D）纸

( ) 3. 米制千分尺每支的测定范围是多少？
（A）0～50 mm （B）25～50 mm
（C）50～100 mm （D）0～100 mm

( ) 4. 空气压缩机在新机磨合期后，其机油须每多少小时定期更换？
（A）100 （B）1 000
（C）5 000 （D）10 000

( ) 5. 使用百分表时，测试针除与工件稍微接触外，并且须与工件测量点保持多大角度？
（A）平行 （B）45° （C）90° （D）任意角度皆可

( ) 6. 有关 1/20 mm 的游标卡尺的叙述，正确的是？
（A）其精度为 0.05 mm
（B）其游标每刻度为 1/20 mm
（C）测量时，其卡尺须平行于测量对象的中心线
（D）以上均正确

( ) 7. 下图所示的车身底板处位于前轮后方和后轮前方的各 2 个双缺口，其主要功能为何？
（A）顶车点 （B）车身底盘量测基准点
（C）车身距地高度量测点 （D）四轮定位辅助点

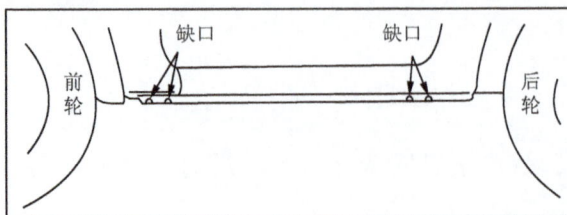

（　　）8. 车主于路边利用自备千斤顶更换后轮轮胎时，下列动作错误的是哪项？
　　　　（A）拉起驻车制动并将变速器挡位排入 P 挡
　　　　（B）利用止挡块顶住前轮
　　　　（C）顶起车身前，将轮胎螺钉全部取下
　　　　（D）降下车身，移除千斤顶后才锁紧轮胎螺钉

问答题

1．顶车时可选择哪些位置？
2．空气压缩机每日须保养检查的项目有哪些？
3．百分表测量机件时，测试针轴须与工件测量面保持多大角度？
4．使用游标卡尺测量机件时，须注意哪些事项？

二 练习题库

选择题

（　　）1. 测量轴端间隙和齿隙的最好工具是什么？
　　　　（A）游标卡尺　　　　　　　（B）间隙规
　　　　（C）内径千分尺　　　　　　（D）百分表

（　　）2. 精度 1/20 mm 的游标卡尺，可读出的最小尺寸为多少？
　　　　（A）0.02 mm　　　　　　　（B）0.05 mm
　　　　（C）0.10 mm　　　　　　　（D）0.2 mm

（　　）3. 一般游标卡尺无法直接测量的项目是什么？
　　　　（A）深度　　　　（B）阶段差　　　（C）内径　　　（D）锥度

（　　）4. 检查轴承预负荷需用到的量具是弹簧秤或什么？
　　　　（A）扭力扳手　　　　　　　（B）钢皮尺
　　　　（C）游标卡尺　　　　　　　（D）千分尺

（　　）5. 右图所示的游标卡尺的读数为多少？
　　　　（A）49.44 mm
　　　　（B）27.44 mm
　　　　（C）27.42 mm
　　　　（D）47.42 mm

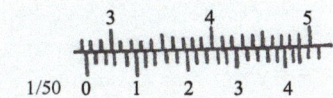

（　　）6. 如果某车辆的气门脚间隙规定为 0.012 in（in=2.54 cm），而你只有米制塞尺，那你应使用何种塞尺来测量？
　　　　（A）0.2 mm　　　　　　　　（B）0.3 mm
　　　　（C）0.4 mm　　　　　　　　（D）0.5 mm

（　　）7. 右图千分尺所示刻度为多少？
　　　　（A）10.65 mm　　　　　　　（B）13.75 mm
　　　　（C）13.25 mm　　　　　　　（D）14.25 mm

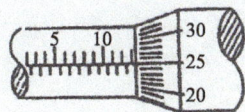

（　　）8. 右图千分尺所示刻度为多少？ 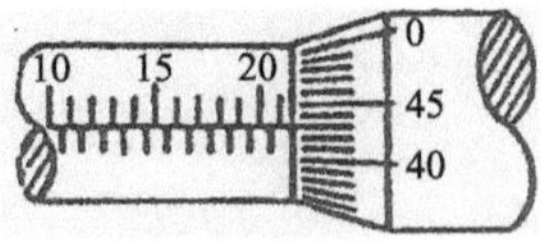
　　（A）22.43 mm　　　　（B）21.83 mm
　　（C）21.47 mm　　　　（D）21.43 mm

（　　）9. 右图游标卡尺所示刻度为多少？ 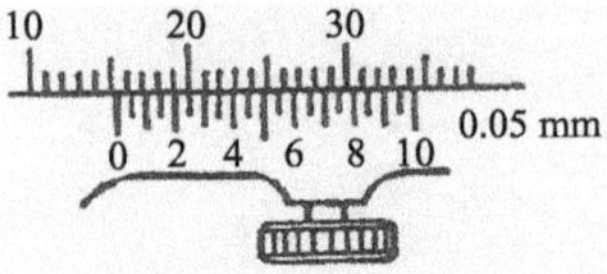
　　（A）20.21 mm　　　　（B）15.25 mm
　　（C）15.4 mm　　　　（D）15.15 mm

（　　）10. 右图游标卡尺所示刻度为多少？ 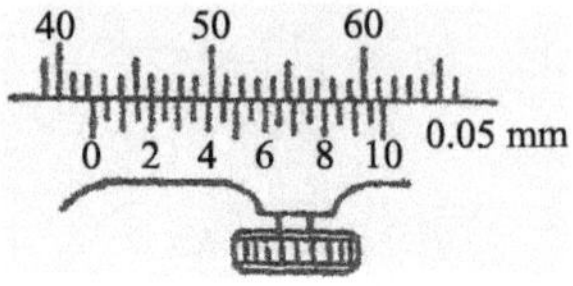
　　（A）42.20 mm　　　　（B）42.30 mm
　　（C）42.05 mm　　　　（D）46 mm

第 2 章
传动系检修

Chapter **2**

本章学习重点

传动系检修的主要项目有：

1. 后轮驱动式离合器总成拆装。
2. 离合器机件检查。
3. 钢索式离合器分离拉索拆装与离合器踏板高度、拨叉游隙调整。
4. 变速器拆装。
5. 变速器操纵机构拆装与检查。
6. 变速器油量检查与更换。
7. 传动轴总成拆装及检查。

2.1 后轮驱动式离合器总成拆装

相关知识

如图 2-1 所示，离合器总成（由分离轴承、离合器压盘总成和离合器片组成）介于变速器与飞轮之间，由于离合器总成（压盘）的作用，离合器压紧或放松离合器片，以接合或分离发动机动力，因而当离合器片磨耗、打滑、烧毁、沾有油脂，或离合器总成不良（如压盘端面不良、膜片弹簧弹力不足等），造成离合器作用不良时，即须进行离合器总成拆装，以利检修。

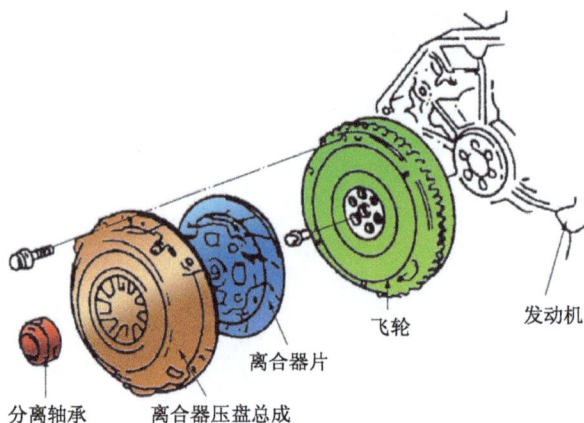

▲图 2-1 离合器总成

❶ 离合器打滑的检查方法

（1）拉起驻车制动后踩下离合器踏板，并将变速器排入高速挡，然后慢慢增加发动机转速，并缓慢放松离合器踏板。

（2）若发动机熄火，表示离合器作用正常；若车辆不动，发动机也没有熄火，表示离合器打滑。（注意：此试验严重损伤离合器片，非必要情况不实施此项检查。）

❷ 离合器阻滞的检查方法

（1）首先踩下离合器踏板，并将变速器排入倒挡，然后再排回空挡；之后慢慢增加发动机转速，经短暂中止后，再排入倒挡。

（2）若在排入倒挡时，听到异响，则表示离合器阻滞。

❸ 离合器咯咯抖动的检查方法

离合器咯咯抖动通常发生在离合器刚接合而车辆刚起步时。

❹ 离合器跳动的检查方法

离合器发生跳动现象时，车辆无法由停止顺利起步，或离合器踏板已完全踩下，而离合器却先行接合。

技能项目

实习名称	后轮驱动式离合器总成拆装		
使用器材	一般手工具、套筒组、扭力扳手、离合器对准棒、速利 303 车辆或附有离合器总成的 303 架上发动机	实习目标	（1）熟练离合器总成的拆装要领。（2）熟练离合器对准棒的使用要领

操作步骤

Step 1　拆卸离合器总成

（1）若在车辆上实习，根据顶车要领将车顶起，并根据变速器拆卸要领，将变速器从发动机上拆下。可参阅 2.4 节。

（2）将离合器对准棒插入离合器片齿槽内，且须到底不再前进为止，以承受离合器片的质量。

（3）如图 2-2 所示（图中数字表示旋松螺钉的顺序），松开离合器总成与飞轮间的固定螺钉时，应以对称交叉，且每次仅旋松 1 圈的方式进行，直到弹簧压力已释放为止。若飞轮上无定位销时，则须在拆下前，先在离合器总成与飞轮间做记号，以便能装回原位。

（4）拆下离合器片与离合器总成。

Step 2　安装离合器总成

安装时，依规范扭力及拆卸的相反顺序进行，并注意下列事项：

（1）安装前，应确实保持离合器片、飞轮与离合器压盘表面清洁，尤其不可沾有油脂。

（2）在离合器片齿槽及飞轮向导轴承上涂一层薄薄的润滑剂（一般为硫化钼），但不可太多，以免溢出沾到离合器片等摩擦面，造成打滑。安装时，将离合器片毂槽较长的一边面向离合器总成。

（3）如图 2-3 所示，插入离合器对准棒以支撑离合器片，并用定位销或对正记号将离合器压盘总成装回正确位置。

（4）以对称交叉且每次仅旋紧 1 圈的方式，将离合器压盘总成的固定螺钉锁在飞轮上，再以规范扭力锁紧固定螺钉。

（5）拆下离合器对准棒。

（6）装回变速器。

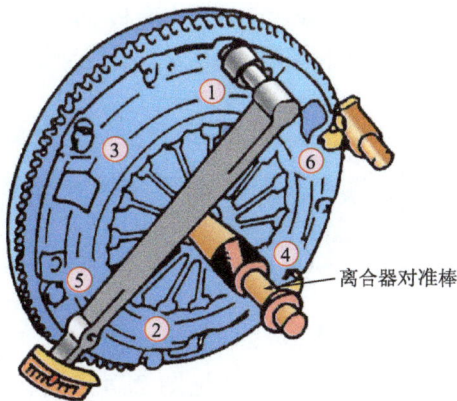

离合器对准棒

▲图 2-2　以对称交叉方式旋松螺钉

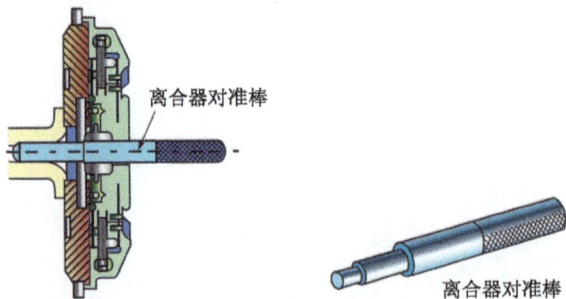

离合器对准棒

离合器对准棒

▲图2-3　对正记号安装离合器片及离合器压盘总成

课堂思考

　　使用离合器对准棒目的何在？如果没有离合器对准棒，有替代的器具或方法吗？何谓规范扭力？若不根据规范扭力操作，对维修工作或构件功能会有何影响？

2.2　离合器机件检查

相关知识

　　离合器机件（见图2-4）的检修项目可依下列征兆或原因进行维修。

离合器压盘总成

离合器片

分离轴承

轴承衬套

回位弹簧

拨叉

拨叉球形销

▲图2-4　离合器机件

① 离合器打滑

可 能 原 因	处 理 方 法
离合器摩擦面硬化或有油污	修理或换新
离合器摩擦面磨耗过度	换新
膜片弹簧弹力不够或损坏	换新
飞轮或压盘翘曲	换新
总泵的释放机构有杂物存在，活塞无法恢复至原来位置	清洁或更换问题构件
离合器油管变形或压扁	换新

② 离合器阻滞

可 能 原 因	处 理 方 法
离合器片的毂部齿槽磨损或生锈	换新（或除锈），并涂上一层油脂
总泵、分泵或油管处漏油	不良件换新
液压控制系统内有空气	放空气
离合器踏板行程不够	调整
离合器片偏转或翘曲	换新
膜片弹簧疲劳	换新
皮碗变形或损坏	换新
向导轴承缺乏黄油	换新
离合器摩擦面沾有油脂	换新（若发动机／变速器油封不良则换新）

③ 离合器抖动

可 能 原 因	处 理 方 法
离合器摩擦面有油脂	换新
膜片弹簧疲劳	换新
离合器片摩擦面硬化或翘曲	换新
压盘磨损或翘曲	换新
发动机座固定松动或橡胶件损坏变质	旋紧或换新
离合器片铆钉松动	换新

❹ 离合器异响

可 能 原 因	处 理 方 法
分离轴承／导套损坏或润滑不良	换新
向导轴承磨耗、吸死或损坏	换新
离合器铆钉松动	换新
离合器片破裂	换新
离合器减振弹簧疲劳	换新

❺ 离合器跳动

可 能 原 因	处 理 方 法
离合器摩擦面有油	换新
离合器片磨耗或铆钉松	换新
飞轮／压盘翘曲或磨损	旋紧或换新
发动机座固定螺钉或传动机构松动	换新
膜片弹簧疲劳	换新

技能项目

实习名称	离合器机件检查		
使用器材	一般手工具、离合器片、离合器压盘总成、分离轴承、拨叉、游标卡尺、百分表、砂纸（500# 或 600#）、特殊器具（间隔件、基板、调整扳手）	实习目标	熟练离合器片、离合器压盘总成、分离轴承与拨叉检查要领

操作步骤

Step 1 检查离合器片

（1）检查离合器片有无铆钉松动、减振弹簧松弛或折断及表面是否有油污现象，如有则应更换离合器片。

（2）如图 2-5 所示，使用游标卡尺检查离合器片厚度（摩擦面至铆钉深度），当厚度（A）小于规定值时，离合器片必须更换。

（3）如图 2-6 所示，检查离合器片毂与离合器轴齿槽的配合情况。在离合器片外缘的齿隙（B）超过规定值时，离合器片必须更换。

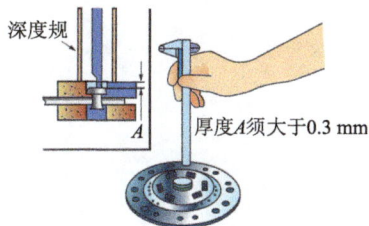

图 2-5　检查离合器片厚度

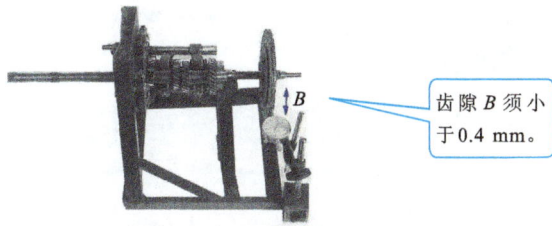

深度规

厚度A须大于0.3 mm

图 2-6　检查离合器片毂与离合器轴齿槽的配合情况

齿隙 B 须小于0.4 mm。

Step 2　检查离合器压盘总成

（1）如图 2-7 所示，将间隔件置于基板上，然后使用固定螺钉将离合器压盘总成固定在基板上。

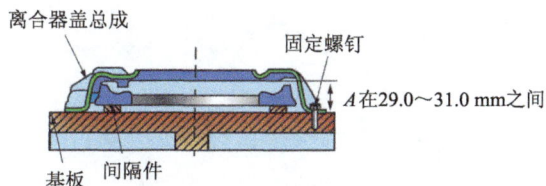

离合器盖总成
固定螺钉
A在29.0～31.0 mm之间
基板　间隔件

图 2-7　测量膜片弹簧高度

（2）使用游标卡尺测量膜片弹簧的高度（A），若磨耗超过规定值，则更换离合器压盘总成。

（3）如图 2-8 所示，若膜片弹簧间的高度差超过规定值，可使用膜片调整扳手调整。

膜片调整扳手

（4）检查离合器压盘的摩擦表面有无刮伤或粗糙情形。稍微的粗糙可用细砂纸打光；若有深度的刻痕或刮伤，则更换离合器压盘总成。

Step 3　检查分离轴承与拨叉

（1）如图 2-9 所示，当双手施力于分离轴承轴向时，旋转分离轴承，若感觉粗糙、阻力过大或有杂音时，应更换分离轴承。

图 2-8　调整弹簧高度

（2）分离轴承是密封式的，内有黄油，不可置于溶剂内浸泡、清洗。

（3）检查拨叉球形销及轴承衬套的接触表面上是否有不正常的磨耗。

图 2-9　检查分离轴承

课堂思考

如何判断离合器片是否磨耗、烧毁、损坏或沾有油脂？这对离合器作用又有何影响？

2.3 钢索式离合器分离拉索拆装与离合器踏板高度、拨叉游隙调整

相关知识

离合器控制系统在前置发动机前轮驱动车（FF式车）中，以钢索式离合器分离拉索居多。如图2-10所示，若离合器分离拉索无法正常驱动离合器，必须予以更换（如离合器分离拉索断裂）或调整离合器踏板高度与拨叉游隙。

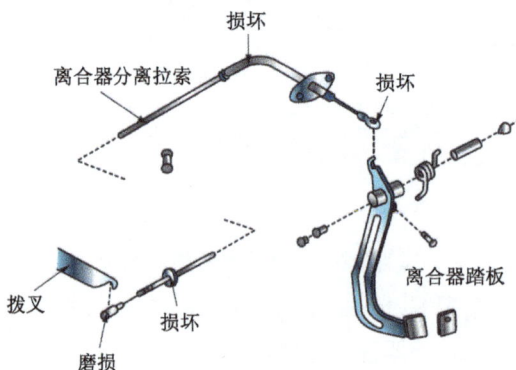

🔺**图 2-10　离合器分离拉索容易损坏之处**

离合器踏板高度是指离合器踏板未踩下时，踏板与驾驶室车底板间的距离；而离合器自由行程则是指以手指轻压踏板，直到离合器分离拉索开始作用的距离；在离合器自由行程中，离合器完全没有作用，因而若自由行程太大，则离合器作用行程缩短，离合器不易分离；若自由行程太小，则分离轴承仍与膜片弹簧有些许接触，离合器压盘无法压紧离合器片，容易发生离合器打滑现象。

技能项目

实习名称	钢索式离合器分离拉索拆装与离合器踏板高度、拨叉游隙调整	实习目标	（1）熟练离合器分离拉索拆装要领。（2）熟练离合器踏板高度与拨叉游隙调整要领
使用器材	一般手工具、套筒组、扭力扳手、实习车辆、钢直尺	技能鉴定	单件拆装第5题（见附录B）：调整离合器踏板

🚛 操作步骤

Step 1　离合器分离拉索拆装（见图2-11）

（1）放松离合器踏板调整器固定螺母。

（2）将离合器踏板调整器与拨叉分离，并拆开离合器分离拉索。

（3）将离合器分离拉索与离器踏板分离，然后拉出离合器分离拉索。

（4）安装离合器分离拉索前，须以油脂（如多用途锂皂基油脂）润滑离合器分离拉索；之后根据规范扭力及相反顺序装回。

（a）放松固定螺母　　（b）将离合器分离拉索与离合器踏板分离

▲图 2-11　离合器拉线拆装

Step 2　离合器踏板高度、拨叉游隙与自由行程检查调整

（1）检查、调整顺序为离合器踏板高度、拨叉游隙及离合器踏板自由行程。

（2）如图 2-12 所示，以钢直尺量测离合器踏板中心（P 点）到车底板的高度（H）；若不符合规定值，调整挡板螺钉使高度符合规定值后，锁紧挡板螺钉的固定螺母。

（3）如图 2-13 所示，检查拨叉游隙；若不合规定值，放松固定螺母，旋转调整螺母改变离合器分离拉索长度，以调整拨叉游隙（B）。

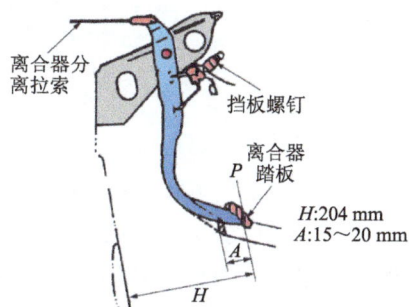

▲图 2-12　检查离合器踏板高度及自由行程

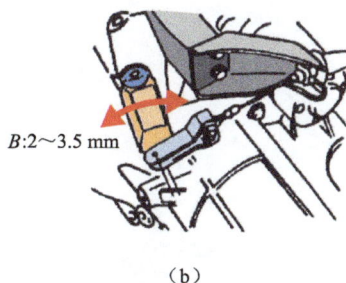

（a）　　　　　　　　　　（b）

▲图 2-13　检查拨叉游隙

（4）如图 2-12 所示，用钢直尺检查离合器踏板自由行程（A）。

技能鉴定

单件拆装第 5 题：调整离合器踏板

（1）试题说明、评审要点、评审表等可参阅附录 B。

（2）操作精度：钢直尺为 ±0.5 mm。

（3）测试表：

测量项目	数据记录（应检人填写）		评审结果（监评人员填写）	
	规范值	测量值	合格	不合格
离合器踏板游隙 /mm	（ ）	（ ）		
离合器踏板自由行程 /mm	（ ）	（ ）		

课堂思考

离合器检查顺序是从离合器踏板高度到拨叉游隙，最后才是离合器踏板自由行程吗？若任意调动，会有何影响？

2.4 变速器拆装

相关知识

如图 2-14 所示，变速器介于传动轴与离合器总成之间，并依各种行驶状况需求，将发动机动力做不同速比与扭力的输出。因而当变速器发生换挡困难、换挡后咬住、跳挡、无法传递动力、换挡时有异响及漏油等故障时，可能是变速器总成出现问题，须进行拆装维修。

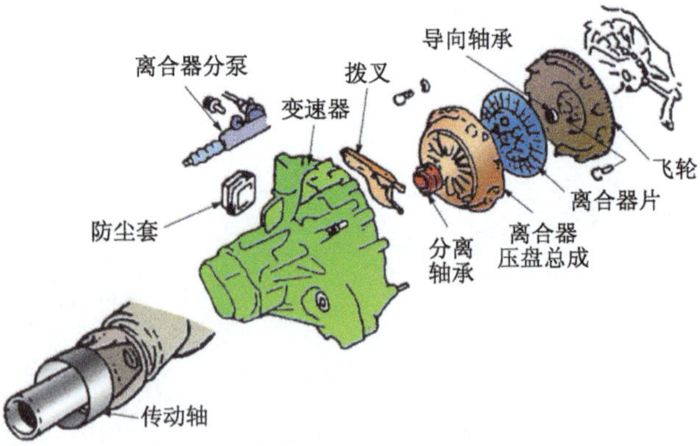

图 2-14 变速器总成

技能项目

实习名称	变速器拆装	实习目标	熟练变速器拆装技巧
使用器材	一般手工具、套筒组、扭力扳手、变速器、变速器千斤顶		

操作步骤

Step 1   拆卸变速器

（1）拆卸蓄电池负极线。

（2）拆卸变速杆装饰箱及橡胶套。

（3）如图 2-15 所示，将变速杆置于空挡位置后，拆卸 E 形扣环及变速杆。

（4）用千斤顶或顶车机顶起车辆，并做好安全防护措施。

（5）拆卸排气管前部。

（6）拆开倒车灯开关的电线。

（7）从变速器尾管拆卸速率表软轴。

变速杆

E 形扣环

▲图 2-15   拆卸 E 形扣环及变速杆

（8）取下传动轴，并将尾管开口塞住，防止齿轮油流出。可参阅 2.7 节。

（9）从变速器上拆下离合器分泵。

（10）在油底壳下放置一千斤顶，并在油底壳与千斤顶间垫一木块，以便将发动机支撑住，但不可顶在油底壳放油塞处，以免油底壳变形。

（11）再用变速器千斤顶支撑住变速器后，拆卸发动机脚后部固定螺栓及横梁安装螺栓，如图 2-16 所示。

（12）拆卸起动电动机。

（13）如图 2-17 所示（图中数字表示旋松螺栓的顺序），拆下将变速器固定在发动机及角撑板上的螺栓后，用千斤顶顶起发动机及变速器，然后将变速器从发动机后方滑开取下，此时特别注意变速器不可撞到任何零件。

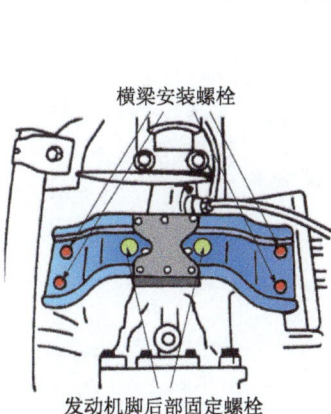

横梁安装螺栓

发动机脚后部固定螺栓

▲图 2-16   以对角交叉方式旋松固定螺栓及安装螺栓

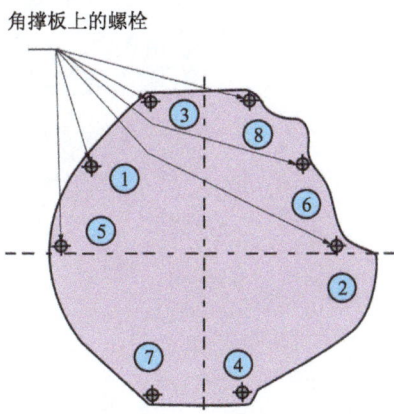

角撑板上的螺栓

▲图 2-17   以对角交叉方式旋松螺栓

Step 2   安装变速器

安装时，依规范扭力及与拆卸相反的顺序进行，并注意下列事项：

（1）安装前，先清洁发动机后挡板及变速器的配合表面，并在离合器片与离合器轴的栓槽部分及变速杆等活动表面涂敷油脂。

（2）拆下加油塞，加注规定齿轮油至加油塞孔齐平后，装回加油塞。

（3）油封唇部及尾管轴衬先以齿轮油进行初步润滑。

（4）拆装时，为防止变速器总重加在离合器毂上，可在栓孔上插入较长导销，以支撑变速器的总重。

（5）变速器安装后，须调整拨叉游隙，并检查变速杆操作（换挡）是否顺畅。

课堂思考

你在乘车的过程中，是否曾听到换挡时有异响？你认为可能的原因有哪些？

2.5 变速器操纵机构拆装与检查

相关知识

在变速器故障中，操纵机构的故障占有相当比例，如变速杆连杆件损坏、松脱、缺乏润滑及调整不当等，导致换挡困难、排挡后咬住、跳挡等故障。

如图 2-18 所示，实习车变速器的变速杆装于变速器外壳的外部，较易产生调整不当等故障。其主要构件有变速杆、支撑杆、控制杆及其轴承、弹簧与衬套等。

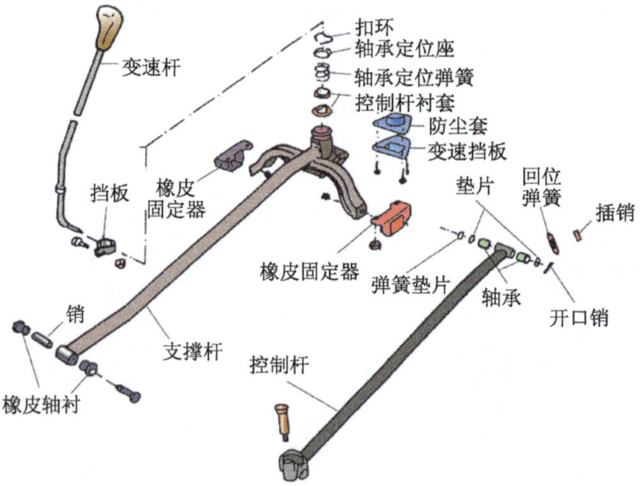

△图 2-18 变速控制装置

技能项目

实习名称	变速器操纵机构拆装与检查	实习目标	（1）熟练变速器操纵机构拆装技巧。
使用器材	一般手工具、套筒组、扭力扳手、实习车辆、开口销		（2）熟练变速器操纵机构检查要领

操作步骤

Step 1　拆卸变速器操纵机构

（1）如图 2-18 所示，拆下控制杆回位弹簧、开口销、轴承等，以取下控制杆。

（2）如图 2-19 所示，拆下支撑杆的扣环、轴承定位座、轴承定位弹簧等，取下支撑杆。

（3）如图 2-20 所示，拆下橡皮固定器、防尘套等。

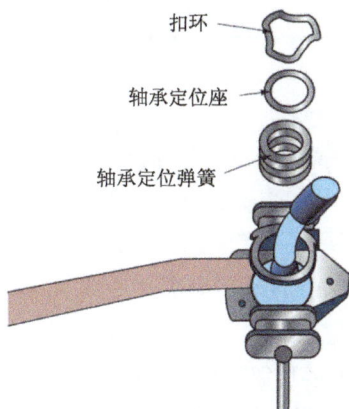

△图 2-19　拆下支撑杆的扣环、轴承定位座、
　　　　　轴承定位弹簧等

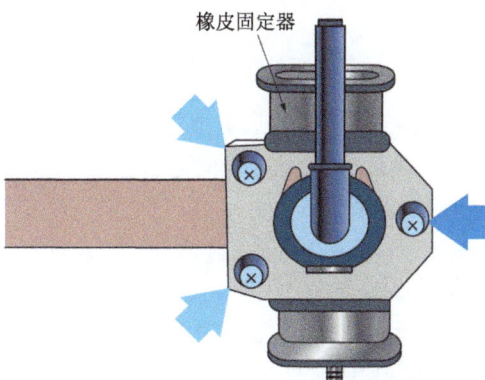

△图 2-20　拆下橡皮固定器螺母

Step 2　检查变速器操纵机构

（1）检查各轴衬及橡皮是否裂纹或变形，必要时须换新。

（2）检查各扣环、轴承、弹簧、防尘套是否变形、裂纹或损坏，必要时须换新。

Step 3　安装变速器操纵机构

安装时，依规范扭力及拆卸的相反顺序进行，并注意下列事项：

（1）安装控制杆及支撑杆的橡皮轴衬时，位置必须正确适当。

（2）如图 2-21 所示，开口销必须换新，且留意装置方向，并确实折弯。

（3）确实安装防尘套。

（4）如图 2-22 所示，在支撑杆没有受力情况下，调整标准间隙。

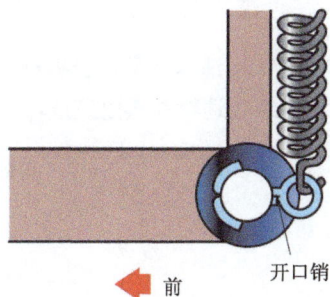

△图 2-21　开口销安装方向

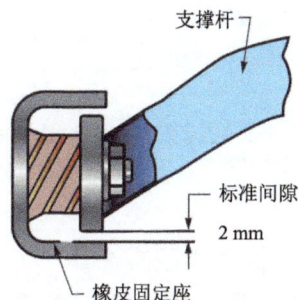

△图 2-22　调整支撑杆

开口销须确实折弯的目的何在？

2.6 变速器油量检查与更换

相关知识

变速器长期使用后，因各齿轮啮合磨损，产生金属粉屑混合在齿轮油内，若不定期更换齿轮油，会损坏变速器，缩短使用寿命。轿车手动变速器齿轮油应每半年或 6 000 km 检查一次，且应每 2 年或 40 000 km 更换（以先到者为准），以免变速器油量不足或不良，造成变速器的严重损坏。若油量不足，须检查是否有漏油现象，并在修护后添加厂家规定的齿轮油。

齿轮油是根据美国汽车工程师学会 SAE（Society of Automotive Engineers）黏度及美国石油协会 API（American Petroleum Institute）服务分类。图 2-23 所示为以 SAE 黏度分类的情况，齿轮油可分为 SAE75W、SAE80W、SAE80W-90、SAE85W、SAE90、SAE140 等 6 种，其中号数愈大，表示黏度愈大，而 W 则代表适合冬季或极寒冷地区使用。

在 API 服务分类方面，可分为 API GL-1、API GL-2、API GL-3、API GL-4、API GL-5、API GL-6 等 6 种，其中 GL 号数愈大，表示愈适用于高负荷、高速及高冲击的作业状况。通常采用 API GL-4 作为变速器、转向机的齿轮油，而以 API GL-5 作为差速器齿轮油。

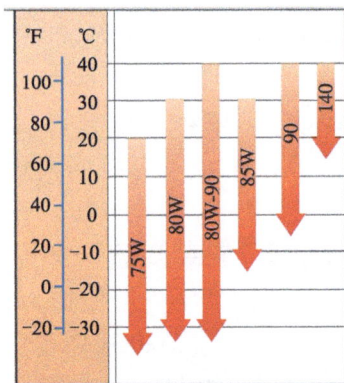

▲图 2-23　SAE 黏度号数表

技能项目

实习名称	变速器油量检查与更换	实习目标	（1）熟练变速器油量检查要领。
使用器材	一般手工具、套筒组、扭力扳手、实习车辆、齿轮油、油盆		（2）熟练变速器油量更换技巧

操作步骤

Step 1　检查变速器油量

（1）将车辆驶入保养沟或用顶车机（千斤顶）顶起。

（2）首先检查变速器周围有无漏油迹象，如油污等。

（3）如图 2-24 所示，在发动机未发动情况下，拆下变速器加油塞，用手指伸入加孔内检查油面高度，其油面高度应与加油口齐平；若油量不足，须检查各油封、垫片及放油塞等处是否有泄漏故障，并添加油量至规定油面高度。

Step 2　更换变速器齿轮油

（1）更换变速器齿轮油，须在发动机达到工作温度时，熄火更换。

（2）如图 2-25 所示，拆下变速器放油塞时，小心不要被高热的齿轮油烫伤；待齿轮油放除干净后，依规范扭力锁紧放油塞。

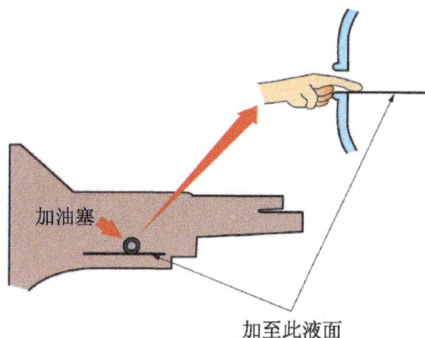

图 2-24　检查变速器油量

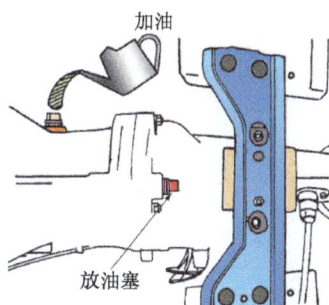

图 2-25　拆下放油塞

（3）从加油塞或路码表小齿轮处添加规定的齿轮油（如 SAE90 号齿轮油），直到规定的油面高度后，锁回加油塞。

（4）废油应统一回收，不可随意倾倒，以免造成环保问题。

课堂思考

如何根据变速器周围情形，判断变速器等是否漏油？

2.7　传动轴总成拆装及检查

相关知识

如图 2-26 所示，传动轴总成介于变速器与后桥总成之间，使发动机动力得以传至后轮。由于传动轴须承受巨大扭力，因而传动轴需有足够的直径，且常制成中空以减少质量；若车辆轴距较长，则须使用二段或三段传动轴，中间以中央轴承支撑，以减少高速旋转时所产生的振动。

传动轴轴轭及栓槽焊接在传动轴末端，因而传动轴须平衡良好，以防止振动，且由于传动轴经常高速转动，若传动轴弯曲、不平衡（如平衡配重掉落、安装不当）或万向接头磨损时，会造成传动轴中速或高速时振动，起动时有敲打声或减速滑行时有噪声及刮削声等故障。其故障检查及处理方法如下所述。

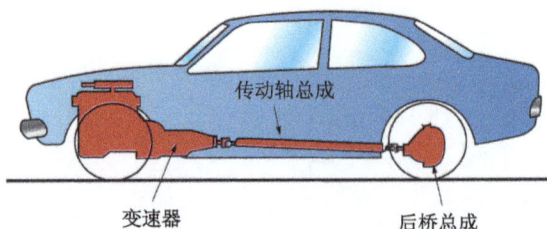

▲图 2-26 传动轴总成

① 中速或高速时振动

可 能 原 因	处 理 方 法
传动轴弯曲所造成的不平衡	换新
传动轴安装松动	旋紧
变速器尾管轴衬磨损	换新
轮胎不平衡	车轮动平衡
传动轴上防锈涂料不均匀或积尘土而造成不平衡	清除杂物
配重遗失	车轮动平衡

② 起动时有敲打声或减速滑行时异响

可 能 原 因	处 理 方 法
万向接头磨损	换新
套管轭及主方栓磨损	换新
传动轴安装松动	旋紧

③ 刮削声

可 能 原 因	处 理 方 法
套管轭防尘套与变速器尾管摩擦所致	弄直防尘套使干扰消除
连接凸缘防尘套与差速器托架摩擦所致	

技能项目

实习名称	传动轴总成拆装及检查	实习目标	(1)熟练传动轴总成拆装技巧。 (2)熟练传动轴总成检查要领
使用品材	一般手工具、套筒组、扭力扳手、实习车辆	技能鉴定	单件拆装第7题（见附录B）：更换后轮驱动传动轴

操作步骤

Step 1　传动轴总成检查

（1）清除传动轴套管表面杂物，检查套管表面有无凹陷或裂痕，如有损伤则应更换。

（2）检查轴颈是否损坏或磨损，必要时更换传动轴总成。

（3）如图 2-27 所示，检查万向接头内滚针轴承是否磨耗或损坏及固定螺钉的锁紧扭力。

（4）如图 2-28 所示，路试中如有振动现象，可从差速器的连接凸缘处将传动轴拆开，转动连接凸缘 180° 后，再重新将传动轴接合；若振动现象仍未消除，则更换传动轴总成。

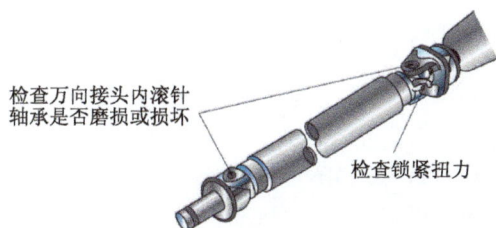

检查万向接头内滚针
轴承是否磨损或损坏

检查锁紧扭力

180°

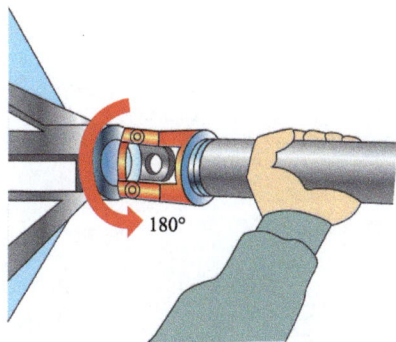

▲图 2-27　检查传动轴总成　　　　**▲图 2-28　转动连接凸缘 180°，以消除振动现象**

Step 2　拆卸传动轴总成

（1）如图 2-29 所示，在两连接凸缘上做记号。

（2）将传动轴拆离差速器的连接凸缘处后，从变速器后端抽出传动轴，并用塞子塞住变速器尾管末端，以免齿轮油外泄。

Step 3　安装传动轴总成

（1）安装时，依规范扭力及拆卸的相反顺序进行。

（2）依连接凸缘上的记号安装传动轴总成，以避免传动轴转动时产生振动。

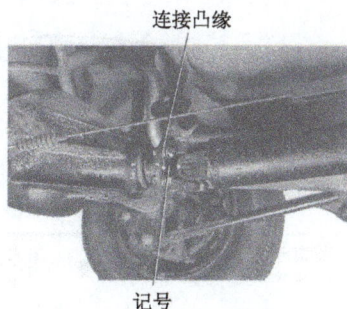

连接凸缘

记号

▲图 2-29　在凸缘上做记号

技能鉴定

单件拆装第 7 题：换后轮驱动传动轴

（1）试题说明、评审要点、评审表等可参阅附录 B。

（2）操作精度：扭力扳手为 ±10% 读数。

（3）测试表：

测 量 项 目	数据记录 （应检人填写）		评审结果 （监评人员填写）	
	规范值	测量值	合格	不合格
后端固定螺钉扭力	（　　）	（　　）		
滑动接头润滑油	（　　）	（　　）		

课堂思考

行驶中的车辆，突然发生动力无法传递到车轮时，其可能原因是什么？

综 合 测 验

一 实力测验

是非题

（　　）　1. 离合器的压盘弹簧弹力不足时，会产生离合器打滑现象。

（　　）　2. 离合器踏板游隙太小，应调整总泵推杆长度。

（　　）　3. 一般离合器无游隙时，分离轴承容易产生噪声。

（　　）　4. 离合器的两面当中，装置时，任何一面皆可朝向飞轮。

（　　）　5. 车辆在行驶中，左脚放于离合器踏板上，能使离合器作用更佳。

（　　）　6. 离合器分离轴承与分离杆之间，如果没有间隙，离合器片会磨耗，但是离合器不会打滑。

（　　）　7. 离合器打滑时变速器排挡困难。

（　　）　8. 离合器片的缓冲弹簧衰损时，将使离合器切离不良。

（　　）　9. 变速器润滑油是黏度高的机油，不必更换；当油量不足时，只须加足即可。

（　　）　10. 变速器通风孔堵塞时，会引起变速器内油封漏油。

（　　）　11. 各种厂牌车辆均有规范各部分所用润滑油的规格。

（　　）　12. 传动轴的万向节十字轴滚针轴承如有磨损，传动轴的振动会增大。

（　　）　13. 传动轴的中间轴承磨损，是异响的原因。

（　　）　14. 十字接头中央装有黄油嘴，是供"打黄油"用的。

（　　）　15. 有些传动轴总成固定螺钉涂漆，是为了便于检查是否松动。

（　　）　16. 离合器片的齿槽部不良时，将使离合器切离不良。

选择题

（　　）　1. 离合器向导轴承装在什么位置？
（A）离合器片栓槽齿上　　　（B）离合器拨叉
（C）飞轮中心　　　（D）变速器主轴后端

（　　）　2. 离合器踏板自由行程过大则会发生什么现象？

（A）离合器打滑　　　　　　（B）离合器不能完全分离

（C）离合器轴容易磨损　　　（D）踩踏板力量需较大

（　　）　3. 离合器于接合时产生打滑的原因是什么？

（A）离合器踏板自由行程太小　　（B）离合器踏板自由行程太大

（C）离合器压盘不平　　　　　　（D）离合器片弯曲

（　　）　4. 离合器片磨损过快的可能原因是什么？

（A）压盘弹簧弹力过强　　　（B）油管中有空气

（C）分离轴承缺油　　　　　（D）离合器踏板自由行程不足

（　　）　5. 离合器接合时会发生跳动可能的原因是什么？

（A）离合器压盘面变形　　　（B）油管中有空气

（C）离合器踏板游隙不足　　（D）离合器踏板自由行程不足

（　　）　6. 离合器壳下有一孔，其作用除了调整离合器拨叉的高度外，还有什么？

（A）漏机油用　　　　　　　（B）通气用

（C）清洁用　　　　　　　　（D）润滑用

（　　）　7. 车辆使用时间长，离合器片磨损则会发生什么现象？

（A）离合器踏板自由行程会变小　（B）变速器排挡困难

（C）离合器踏板自由行程会变大　（D）对离合器无影响

（　　）　8. 离合器片沾有油污，应如何处理？

（A）浸入煤油中清洗　　　　（B）用布沾汽油擦拭

（C）用柴油清洗　　　　　　（D）不用清洗，照旧使用

（　　）　9. 车辆在低速及倒车时发生抖振现象是因为什么？

（A）离合器离不开　　　　　（B）离合器打滑

（C）压盘弹簧太弱　　　　　（D）离合器压盘不平

（　　）10. 离合器踏板自由行程通常为多大？

（A）大于 2 in（1 in=2.54 cm）　（B）小于 1/4 in

（C）小于 1/2 in　　　　　　　　（D）1 in 左右

（　　）11. 下列哪一项与变速困难无关？

（A）离合器踏板自由行程过大　（B）变速器内油面过高

（C）变速器内缺油　　　　　　（D）离合器分离轴承缺油

（　　）12. 传动轴装回时，其主被动轭必须满足什么条件？

（A）在同一平面上　　　　　（B）相互垂直

（C）任意位置均可　　　　　（D）依传动轴长短而定

（　　）13. 有关手动变速器跳挡的故障原因，下列叙述哪项不正确？

（A）同步器性能不良或损坏　（B）齿轮磨损

（C）轴承磨损　　　　　　　（D）联锁机构磨损

（　　）14. 离合器踏板由完全放松到压下开始作用位置有一段距离，称为离合器踏板

自由行程。若自由行程太小，可能会导致下列哪一种现象？

  （A）离合器无法完全分离 （B）离合器会打滑

  （C）换挡困难 （D）离合器踏板松软

（ ）15. 有关变速器的检修，如右图所示的动作，是正在进行下列哪项测量？

  （A）离合套与止推垫圈的间隙测量

  （B）铜锥环与齿轮的间隙测量

  （C）离合器轴齿轮端间隙测量

  （D）同步齿轮与止推垫圈的间隙测量

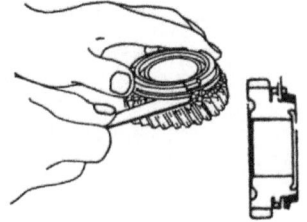

（ ）16. 有关车辆起步时有抖振现象的原因，针对离合器而言，下列的叙述哪项可能性较小？

  （A）离合器片变形 （B）膜片弹簧弹性疲劳

  （C）分离轴承损坏 （D）离合器制动片有油脂

（ ）17. 对于手动变速器的车辆，下列何种情形会导致排挡困难？

  （A）离合器的分离轴承损坏 （B）离合器的向导轴承损坏

  （C）离合器踏板自由行程太大 （D）离合器片表面油污

（ ）18. 下图为手动变速器中同步器的分解图，当进行组合同步器的张力球时，下列哪项正确？

  （A）两张力环分别装在前、后铜锥环上，张力环顶端则须勾在相同缺口上

  （B）两张力环分别装在前、后铜锥环上，张力环顶端则须勾在不同缺口上

  （C）两张力环分别装在轴毂两侧，张力环顶端则须勾在不同步键上

  （D）两张力环分别装在滑套两侧，张力环顶端则须勾在滑齿上

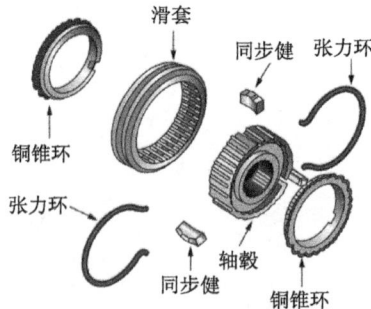

（ ）19. 调整油压式离合器踏板高度，是要调整什么？

  （A）离合器总泵推杆长度 （B）离合器总泵推杆固定螺钉

  （C）离合器踏板阻挡器 （D）离合器分泵调整螺钉

（ ）20. 手动变速器换挡机构检修中，如右图所示，此装置主要目的是什么？

  （A）换挡时调速

  （B）防止两组变速齿轮同时啮合

  （C）防止因振动而产生跳挡

  （D）减少变速杆换挡时产生振动

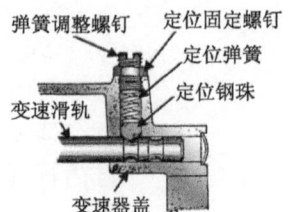

（ ）21. 检查或更换自动变速器的油量时，下列叙述哪项不正确？

（A）先排入各挡位后，再排入 P 挡检查油量

（B）只要发动机达正常工作温度，变速器液面的检查基准高度应以油尺上的 HOT 区域为主

（C）变速器油的色泽如为咖啡色时，表不正常，应进行更换

（D）添加新的变速器油后，务必再检查有无泄漏现象

（　　）22. 如右图所示，技术人员正从事何种有关离合器的调整工作？

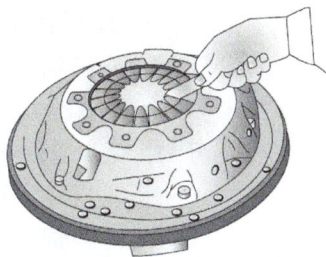

（A）膜片弹簧弹力调整

（B）膜片弹簧末端高度调整

（C）离合器释放压力调整

（D）离合器片不平度调整

（　　）23. 手动变速器离合器踏板自由行程过大时，容易造成下列何种现象？

（A）离合器打滑　　　　　　　（B）离合器分不开

（C）油耗大幅增加　　　　　　（D）需要较大的踏板踏力

（　　）24. 检查干单片式的离合器片厚度时，应该使用下列哪一种工具实施检查较为正确？

（A）百分表　　　　　　　　　（B）钢直尺

（C）游标卡尺　　　　　　　　（D）千分尺

问答题

1. 拆卸离合器压盘总成与飞轮间固定螺钉的要领是什么？

2. 检查分离轴承的要领是什么？

3. 离合器自由行程不适当时，对离合器作用有何影响？

4. 离合器踏板高度、释放叉游隙与自由行程检查调整的顺序是什么？

5. 变速器发生哪些状况时，须进行拆装维修？

6. 使用开口销时，须注意的事项有哪些？

7. 若变速器油量不足时，须作何处理？

8. 传动轴总成检查的要领是什么？

二 练习题库

选择题

（　　）1. 变速器换挡困难的原因可能是什么？

（A）制动咬死　　　　　　　　（B）离合器故障

（C）离合器片磨损　　　　　　（D）齿轮油不足

（　　）2. 变速器跳挡的原因可能是什么？

（A）定位销磨损　　　　　　　（B）变速器油太多

（C）变速器油太少　　　　　　（D）离合器故障

（　　）　3. 手动变速器离合器片磨损会发生什么现象？

（A）离合器咬住　　　　　　　　　（B）离合器打滑

（C）跳挡　　　　　　　　　　　　（D）制动单边

（　　）　4. 同步式变速器的铜锥环磨损时会发生什么现象？

（A）异响　　　　　　　　　　　　（B）失速

（C）跳挡　　　　　　　　　　　　（D）换挡困难

（　　）　5. 离合器踏板的自由行程过大时会发生什么现象？

（A）换挡困难　　　　　　　　　　（B）打滑

（C）离合器片易磨损　　　　　　　（D）压盘易磨损

（　　）　6. 组合差速器时，如何调整最终传动装置的角齿齿轮位置？

（A）直接调整　　　　　　　　　　（B）加减垫片

（C）调整盆形齿轮　　　　　　　　（D）调整轮轴轴承

（　　）　7. 使离合器打滑的可能故障原因是什么？

（A）离合器弹簧自由长度变大　　　（B）离合器踏板空挡间隙变大

（C）离合器踏板无空挡间隙　　　　（D）离合器片减振弹簧折断

（　　）　8. 离合器向导轴承装在什么位置？

（A）离合器片中心　　　　　　　　（B）离合器压盘中心

（C）曲轴中心　　　　　　　　　　（D）变速器前端

（　　）　9. 换新离合器片时，应用砂纸砂磨什么位置？

（A）飞轮面　　　　　　　　　　　（B）离合器压盘面

（C）离合器片摩擦片面　　　　　　（D）以上 3 个接触面

（　　）10. 离合器片自然磨耗时，其踏板的自由行程（free travel）如何变化？

（A）变小　　　　　　　　　　　　（B）变大

（C）不变　　　　　　　　　　　　（D）不一定

（　　）11. 离合器各零部件中绝不允许用溶解液清洗的是什么？

（A）分离轴承　　　　　　　　　　（B）离合器盖

（C）拨叉　　　　　　　　　　　　（D）离合器压盘

（　　）12. 万向接头的十字轴与轴承换新时应该如何？

（A）只须换十字轴　　　　　　　　（B）只须换轴承

（C）任意更换其中一件　　　　　　（D）两者同时更换

（　　）13. 测量差速器的角尺齿轮与盆形齿轮的齿隙或背隙，一般常用什么量具？

（A）卡钳　　　　　　　　　　　　（B）千分表

（C）千分尺　　　　　　　　　　　（D）塑料量规

（　　）14. 下图中对离合器片实施下列何种操作？

（A）检查离合器压盘不平度　　　　（B）检查分离轴承

（C）检查离合器片深度　　　　　　（D）检查离合器片不平度

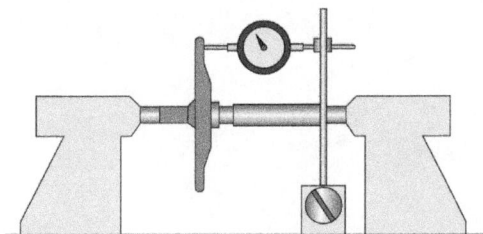

( ) 15. 离合器片磨损变薄后，则离合器踏板空挡间隙会如何？
   （A）变小   （B）不改变
   （C）变大   （D）可能变小亦可能变大

( ) 16. 容器外标有 ATF(Automatic Transmission Fluid)，表示为下列哪一种油料？
   （A）制动油   （B）减振器油
   （C）机油   （D）自动变速器油

( ) 17. 自动变速器最容易损坏的机件是什么？
   （A）离合器和制动带 （B）离合器和调压器
   （C）离合器和控制阀 （D）制动带和控制阀

( ) 18. 拖吊装有自动变速器的车辆时，必须如何做？
   （A）后轮悬空   （B）驱动轮悬空
   （C）前轮悬空   （D）视工作方便而定

( ) 19. 自动变速器油变成乳白色的可能原因是什么？
   （A）油温过高   （B）自动变速器油质量不良
   （C）自动变速器离合器片烧蚀 （D）与冷却水混合

( ) 20. 未踩离合器踏板时有响声，踩下离合器踏板后响声消失，其可能的故障是什么？
   （A）离合器轴轴承故障 （B）向导轴承故障
   （C）分离杆高度不均 （D）分离轴承干涸无油

第 3 章

车轴总成检修

Chapter

3

本章学习重点

车轴总成检修的主要项目有：

1. FR 式车前轮毂拆装与检查。

2. 前轮轴承预负荷调整。

3. FF 式车前轮驱动轴拆装与检查。

4. 后桥总成拆装。

5. 更换后轮驱动后桥油封。

6. 更换后差速器齿轮油。

3.1　FR 式车前轮毂拆装与检查

相关知识

如图 3-1 所示，前轮毂装在前桥上，由内、外侧车轮轴承支持，以轮轴承螺母固定在前轴上，并随车轮自由转动。

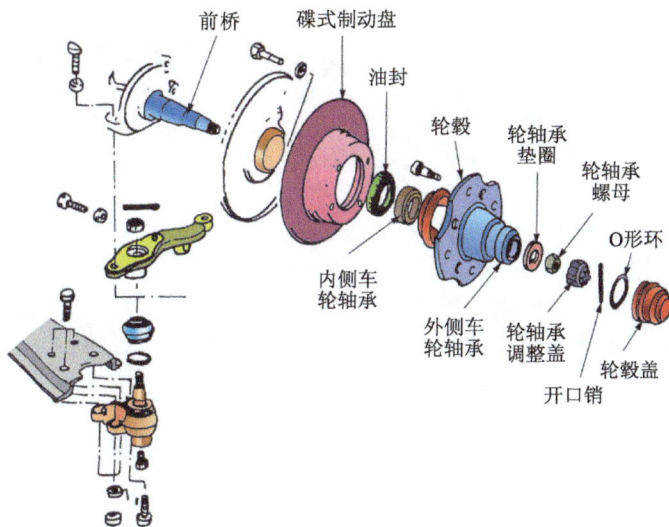

图 3-1　前轮毂组件

零件是否损伤，有时很难从外表得知，如极小的裂痕等，因而应在不损伤零件情况下，会进行非破坏性检验。

❶ 磁性探测

物体经磁化（在磁场内的强磁性物体，其分子磁石会渐次转成磁场方向而被磁化）后，在其表面撒布铁粉，若有裂痕等损伤，即漏磁，铁粉会沿漏磁（裂痕）而附着，如图 3-2 所示，可检查出零件是否有损伤。但物体须能充分磁化，才能使用磁性探测检验。

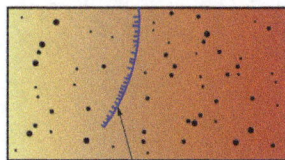

有裂痕后铁粉附着的现象

图 3-2　铁粉会沿漏磁（裂痕）而附着

❷ 染色试验

将渗透性强的涂液（如荧光渗液）涂在材料表面上，经渗透后将多余涂液擦干，再涂上显像液（如氧化镁等），并将此处理后的对象置于暗室中以紫外线光照射，渗入的荧光渗液即会发出明亮的荧光，因而可清楚检验对象是否有裂痕等损伤。

❸ 超声波检查

超声波检查方法是利用超声波进入对象内部时，所反射的波形作判断；若对象无疵点，则超声波一直传到对象的另面再反射而回；若在超声波行进中遇到疵点即反射而回，因而可在示波器上显示不同波形，如图3-3所示。

❹ 放射线检查

以X射线或γ射线来透视对象，并在胶卷或荧光幕上发现对象内部是否有孔穴或伤痕。

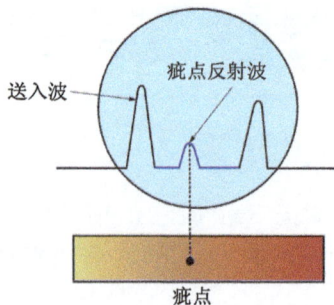

▲图3-3　遇疵点的反射波波形不同

技能项目 ⚙

实习名称	FR式车前轮毂拆装与检查		
使用器材	一般手工具、套筒组、扭力扳手、实习车辆、油管扳手、修理包、前轮毂特种扳手、材料探伤器组、开口销、弹簧秤	实习目标	（1）熟练前轮毂拆装技巧。（2）熟练前轮毂检查要领

🔧 操作步骤

Step 1　拆卸FR式车前轮毂

（1）根据顶车要领顶起车辆前部。

（2）拆下车轮组总成。可参阅7.1节。

（3）拆下制动油管及制动钳夹总成。可参阅4.4节。

（4）拆下制动圆盘。

（5）如图3-4所示，用薄的一字头旋具取下轮毂盖；若有必要，也可用软锤轻敲轮毂盖周围，以利取下。

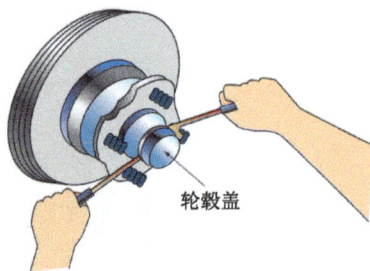

▲图3-4　拆下轮毂盖

（6）拔出开口销后，拆下调整盖及车轮轴承锁住螺母，如图3-5所示。

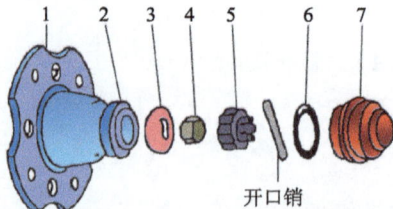

▲图3-5　开口销、调整盖、车轮轴承锁住螺母等相对位置

1—盘式制动盘；2—外侧轴承；3—轮轴承垫圈；4—轮轴承锁住螺母；
5—调整盖；6—O形环；7—轮毂盖

（7）如图3-6所示，以双手拇指压着外轴承，从轴上拆下车轮毂及制动圆盘。

（8）拆下前轮毂与制动圆盘的 4 个固定螺栓，以分离制动圆盘，并松开制动底板的螺钉，拆下制动底板。

（9）撬出油封后，取出内、外轴承。

（10）如图 3-7 所示，以铜制冲杆及铁锤自轮毂内均匀、对称地敲击轴承外座圈环，打出外座圈环。

🔺图 3-6　拆下车轮毂

🔺图 3-7　拆下轴承外座圈环

Step 2　检查轮轴承及轮毂

（1）彻底清洗轴承上的油脂及污垢，并用压缩空气吹干（切勿使轴承快速旋转，以免伤及轴承），检查车轮轴承是否可自由滚动，且无任何杂音、磨损或凹洞等；若有，则更换轴承。

（2）用磁性探测器或染色试验检查轮毂是否有破裂；若有，则更换轮毂。

Step 3　安装前轮毂

安装时，依规范扭力及拆卸的相反顺序进行，并注意下列事项：

（1）如图 3-8 所示，利用前轮轴承冲杆等工具，安装轴承外座圈环到轮毂内的规定位置。

（2）如图 3-9 所示，使用规范的多用途黄油填满轮毂内阴影的部位。

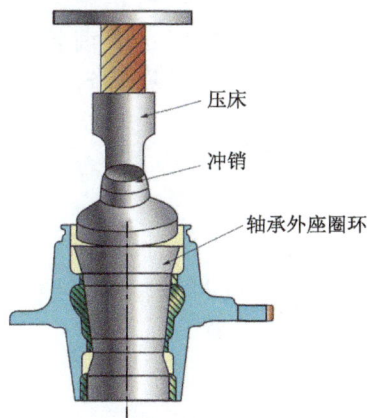

🔺图 3-8　安装轴承外座圈环

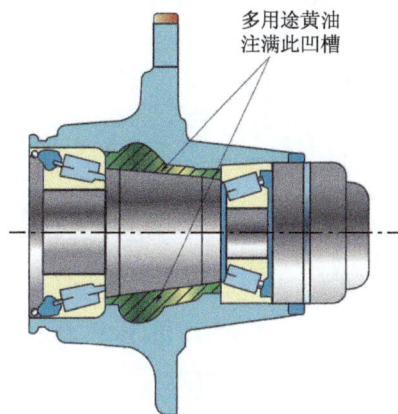

🔺图 3-9　润滑轮毂内阴影的部位

（3）如图 3-10 所示，将多用途黄油填满每一车轮轴承，且确实避免污垢、杂物等进入轴承、油脂、垫圈、轴承螺母等，以延长使用寿命。

（4）使用过的油封及油脂须换新，且在其封唇处涂敷多用途黄油，如图 3-11 所示。

封唇处涂多
用途黄油

内侧

△图 3-10　用多用途黄油涂敷轴承的方法　　　△图 3-11　在封唇处涂敷多用途黄油

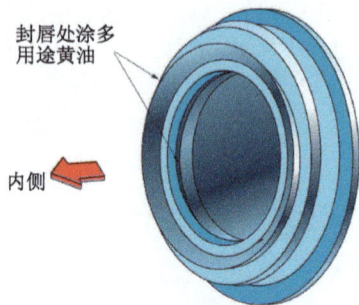

（5）安装完成后，须调整轮轴承预负荷。可参阅 3.2 节。

课堂思考

若以高压压缩空气快速吹干轴承时，会使轴承损坏吗？为什么？

3.2　前轮轴承预负荷调整

相关知识

前轮轴承用以支撑车重及确保前轮毂等能自由转动，应依厂家规定（如有些车系每 40 000 km 或 2 年内）实施定期检查与调整。

前轮轴承预负荷调整必须依手册规定进行，若前轮轴承预负荷调整太紧，则车轮转动不易，轴承负载过大而受损，并因温度太高影响制动性能；若前轮轴承预负荷调整太松，则会出现车轮偏摇，方向不易控制，及轮胎加速磨损等问题。

技能项目

实习名称	前轮轴承预负荷调整		
使用器材	一般手工具、套筒组、扭力扳手、实习车辆、前轮毂特种扳手、开口销、弹簧秤	实习目标	熟练前轮轴承预负荷调整要领

操作步骤

（1）彻底清洁前轮轴承周围，以防灰尘进入。

（2）在轴承垫圈与外轴承间的接触面、轮毂、轮毂盖、O 形环、油封唇部及指轴的螺纹等处涂敷多用途黄油。

（3）如图 3-12 所示，旋紧轮轴承螺母后，左右转动轮毂数圈，使轮轴承确实到定位，再一次旋紧轮轴承螺母。

（4）如图 3-13 所示，将轮轴承螺母退回 90º，并装上调整盖及新开口销；若调整盖与指轴开孔不对正时，可将轮轴承螺母再扭紧 15º，以利开口销的安装，但开口销此时暂不扳开。

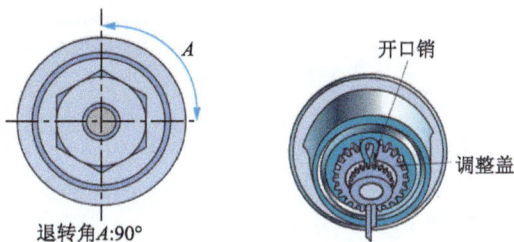

退转角A:90º

开口销

调整盖

⚠图 3-12　左右转动轮毂数圈，使轮轴承到定位　　⚠图 3-13　安装调整盖及新开口销

（5）如图 3-14 所示，以弹簧秤与通过轮轴承中心线成 90º 方向拉轮毂，其拉力（预负荷）须在规定范围内。

新油封预负荷：1.4 kgf（1 kgf ≈ 9.8 N）以下；
旧油封预负荷：0.7 kgf 以下。

⚠图 3-14　检查预负荷

（6）如图 3-15 所示，以扭力扳手在轮轴承螺母处量取始动扭力，其始动扭力也须在规定范围内。

新油封预负荷：8 kgf•cm（1 kgf•cm ≈ 0.098 N•m）以下；
旧油封预负荷：4 kgf•cm 以下。

⚠图 3-15　检查始动扭力

（7）反复上述步骤（3）～（6），直到获得正确的预负荷与始动扭力等。

（8）将开口销向两侧扳开，装上轮毂盖等。

课堂思考

前轮轴承尚未拆下前，如何判断前轮轴承是否损坏？

3.3 FF 式车前轮驱动轴拆装与检查

相关知识

FF 式车前轮驱动车辆具有省去延伸到后桥的传动轴、降低汽车底盘的高度、增加传动效率及行驶操控性等优点，但因其前轮须负担驱动与转向的作用，因而构造复杂及不耐路面窟窿等撞击，且万向接头防尘套易因突出物破损或因经常反复转弯等动作，导致防尘套弯折而破损，以致防尘套内黄油甩出、灰尘沙粒等进入，造成前轮驱动轴轴承磨损，导致车辆转弯时，有异响产生。故须常常检查防尘套是否破损、漏油，可及早发现更换防尘套，以免造成前轮驱动轴轴承损坏，因而须更换整组驱动轴。

若防尘套已黑湿及其周围附近也已沾有黄油等，表示防尘套已破损，须立即更换，以免造成驱动轴磨耗，导致车辆转弯时，有异响产生。当更换驱动轴的防尘套时，必须整组（内、外）更换，且其束带不可重复使用。

技能项目

实习名称	FF 式车前轮驱动轴拆装与检查		
使用器材	一般手工具、套筒组、丰田 CORONA 车、球接头拆卸器、开口销、扭力扳手、油盆、特殊器具	实习目标	（1）熟练传动轴总成拆装技巧。（2）熟练传动轴总成检查要领

操作步骤

Step 1 拆卸驱动轴总成

（1）依顶车要领将车辆前部顶起。

（2）拆下两前轮后，放泄变速器油。

（3）拆下锁住螺母盖及开口销，再踩住制动踏板，放松前轮轴承锁住螺母。

（4）如图 3-16 所示，拆下横拉杆端球接头的开口销，并将螺母放松至与螺栓切齐时，利用球接头拆卸器将横拉杆与万向节分离。

（5）如图 3-17 所示，从万向节拆下制动钳夹总成，并用绳索吊住，以免制动油管受力受损，并在前轴毂及制动圆盘上做对正记号。

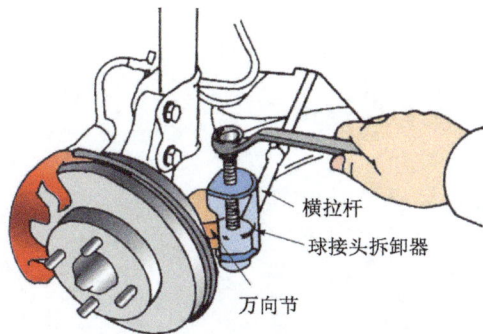

▲图 3-16　使用球接头拆卸器将横拉杆
　　　　　与万向节分离

▲图 3-17　用绳索吊住钳夹总成，并在前轴毂及
　　　　　制动圆盘上做对正记号

（6）如图 3-18 所示，拆下螺母与螺栓，再将下控制臂从万向节拆开后，拆下制动圆盘。

（7）如图 3-19 所示，使用橡胶锤子将驱动轴与前轴毂分开。

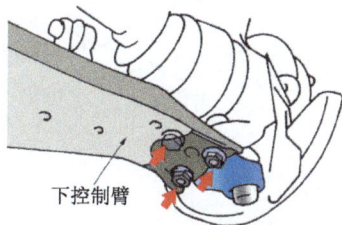

▲图 3-18　拆卸下控制臂

▲图 3-19　将驱动轴与轴毂分离

（8）如图 3-20、图 3-21 所示，使用扳手和锤子或类似工具，将驱动轴拨出。

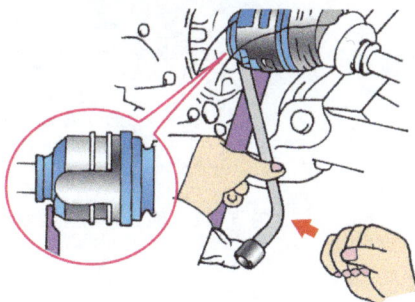

▲图 3-20　拨出左侧驱动轴

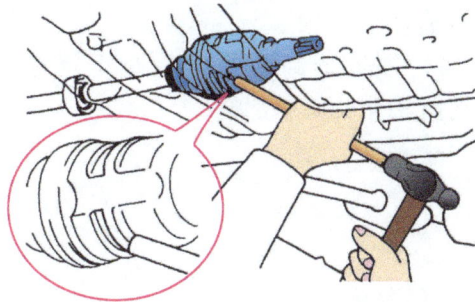

▲图 3-21　拨出右侧驱动轴

Step 2　检查前轮驱动轴

（1）检查防尘套是否破裂及束带、油封等是否损坏或变形。

（2）如图 3-22 所示，检查外侧万向接头应无间隙，内侧万向接头在推力方向应能平顺地滑动；且在内、外侧万向接头的径向应无明显的间隙。

图 3-22 检查万向接头间隙

Step 3 安装驱动轴总成

安装时，要根据规范扭力及拆卸的相反顺序进行，并注意下列事项：

（1）如图 3-23 所示，安装前，以多用途黄油涂敷油封唇部，再以铜棒及榔头敲进驱动轴，直到与小齿轮轴相接触，但须注意不可损伤防尘套。

（a）左侧　　　　（b）右侧

图 3-23 安装驱动轴总成

（2）固定螺栓、开口销等须换新。

（3）如图 3-24 所示，安装完成后，须检查驱动轴，轴向应有 2～3 mm 的间隙，且用手无法完全拉出驱动轴。

（4）须依拆卸时所做的对正记号，将制动圆盘安装到前轴毂上。

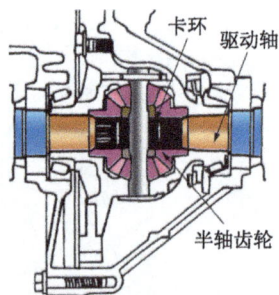

图 3-24 检查驱动轴轴向间隙

课堂思考

FF 式车转弯时，从汽车底盘前方传来咯咯的异响，而且车速愈快，异响愈明显，可能是何种机件已磨损？为何？你认为车主日常检查时，如何知晓驱动轴防尘套是否已破裂，该进厂维修？

3.4 后桥总成拆装

相关知识

如图 3-25 所示，后桥总成介于传动轴与车轮之间，具有固定两后轮，以维持正直行进方向、支持车重及后桥经推进构件，将车轮驱动力传递，以推动车辆前进的功能。

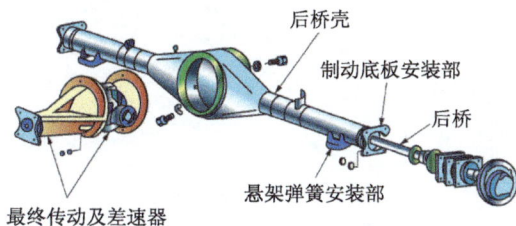

△图 3-25　后桥总成

当后桥总成出现杂音时，最好实施全面试车，以确定杂音是由何处产生， 如轮胎、传动轴、变速系统、万向节、车轮轴承或是悬架构件，甚至发动机、排气部分也在可能故障范围内。其可能产生的故障及原因如下所述：

❶ 杂音

可能原因	处理方法
车轮螺母松动	旋紧
缺少润滑机油或油脂	视需要润滑
减振器不良	更换
后车轮轴末端的游隙调整不正确	调整
损坏或磨耗的车轮轴承	更换
后车轮的方齿槽部分发生磨损	更换
叶片弹簧破断	更换
轴颈、连接等处松动	旋紧至规定的扭矩
车轮及轮胎不平衡	车轮动平衡
橡胶零件，例如：连杆衬套、减振器装置衬套等发生损坏	更换损坏的各零件
万向节接头不良	调整或更换
螺旋弹簧断裂	更换

❷ 驾驶时不稳定

可 能 原 因	处 理 方 法
车轮螺母松动	旋紧
后连杆橡胶衬套损坏	更换
减振器磨损	更换
车轮定位调整不正确	调整
弹簧磨耗	更换

❸ 漏油

可 能 原 因	处 理 方 法
后车轮轴的油封泄漏	更换
差速器座架漏油	视必要情形，更换各零件
后车轮轴的黄油封损坏	更换

技能项目

实习名称	后桥总成拆装	实习目标	熟练后桥总成拆装技巧
使用器材	一般手工具、套筒组、扭力扳手、实习车辆、油管扳手		

操作步骤

Step 1　拆卸后桥总成

（1）如图 3-26 所示，依顶车要领将车辆顶起足够高度，并在侧梁下安置三脚架，以便在底盘下工作。

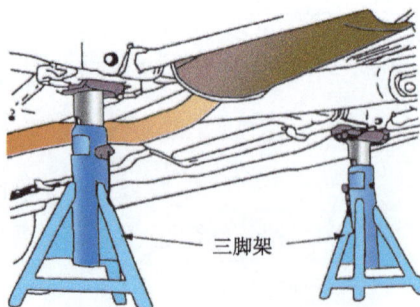

△图 3-26　在侧梁下安置三脚架

（2）用千斤顶支撑在差速器座架中点，使悬架系不受负载。

（3）拆下两后轮。

（4）如图 3-27 所示，依传动轴拆卸要领，拆下传动轴固定端面凸缘与差速器托架上连接凸缘的固定螺栓，卸下传动轴；再从车身托架及驻车制动拉索调整器处，利用油管扳手将制动软管拆下。

图 3-27　拆卸传动轴及制动软管

（5）如图 3-28 所示，拆下两侧减振器下端的螺栓，并将减振器向上压缩，方便将减振器从托架上取出。

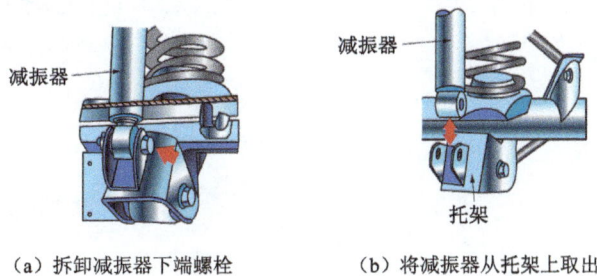

（a）拆卸减振器下端螺栓　　　　　（b）将减振器从托架上取出

图 3-28　拆卸减振器

（6）缓慢降下差速器下方的千斤顶，待两侧螺旋弹簧完全伸张后，取出螺旋弹簧，再将千斤顶升起到原先的高度位置。

（7）如图 3-29 所示，拆下上、下连杆的固定螺栓。

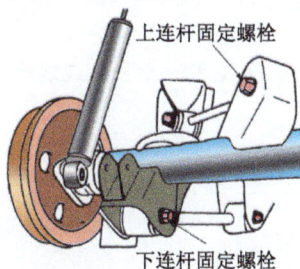

图 3-29　拆卸后桥总成与上、下连杆的固定螺栓

（8）缓慢放下千斤顶，将后桥总成卸出。

Step 2　安装后桥总成

安装时，根据规范扭力及拆卸的相反顺序进行，并注意下列事项：

（1）拆装制动油管时，应使用油管扳手或喇叭口螺母扭力扳手，不可使用开口扳手，以免损伤螺母。

（2）安装上、下连杆时，应先将上、下连杆装在后桥壳上，再以千斤顶顶起差速器，直到上、下连杆几乎平行时，再根据规范扭力锁紧连杆固定螺栓。

课堂思考

当后桥总成发生漏油现象，检查维修步骤是什么？
请列举 3 种汽车底盘可能产生异响的构件？如何分辨？

3.5 更换后轮驱动后桥油封

相关知识

如图 3-30 所示，后桥总成主要构件有后桥差速器、后桥、后桥壳等，其后桥内端以栓槽齿与差速器半轴齿轮啮合，外端则以轴承支持后桥壳，再与车轮连接。因而当后桥弯曲不良、与半轴齿轮齿隙太大、轴承不良或端间隙太大时，将导致振动或产生异响；另如因油封破损，导致黄油严重侵入制动鼓内等问题时，则须更换后桥油封。

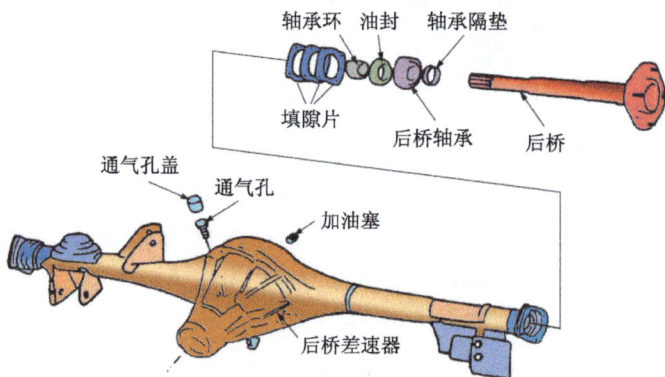

▲图 3-30 后桥总成组件

技能项目

实习名称	更换后轮驱动后桥油封	实习目标	熟练后轮驱动后桥油封更换技巧
使用器材	一般手工具、套筒组、扭力扳手、油管扳手、实习车辆、修理包、油封冲杆、特殊器具（后桥架及滑锤、后桥导件）	技能鉴定	单件拆装第6题（见附录B）：更换后轮驱动后桥油封（单侧）

操作步骤

Step 1 拆下油封

（1）根据顶车要领将车辆后部顶起，拆下后轮。

（2）如图 3-31 所示，拉出弹簧及 U 形销后，拆开制动拉索，并用油管扳手拆开制动油管，且油管开口要盖好，以免污垢进入。

（3）拆下制动鼓后，从后桥壳上拆下制动底板的 4 个固定螺母。

（4）如图 3-32 所示，使用后桥架及滑锤，将制动底板及后桥一起拉出。

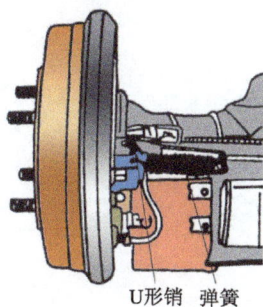

▲图 3-31　拉出弹簧及 U 形销

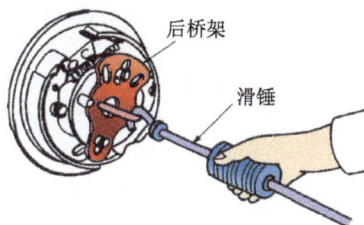

▲图 3-32　使用后桥架及滑锤拉出制动底板与后桥

（5）拆下油封。

Step 2　安装新油封

安装时，根据规范扭力及拆卸的相反顺序进行，并注意下列事项：

（1）注意油封方向，油封侧应面向制动底板，并使用油封冲杆安装油封，如图 3-33 所示。

（2）油封唇间的凹坑须填满规定的多用途油脂。

（3）将后桥插入后桥壳内时，应使用后桥导件，不可损伤油封的封唇。如图 3-34 所示，先将后桥导件安装在后桥壳内，插入后桥直到后桥凸缘与轴承间的距离（*A*）在规定范围内时，取下导件，并在轴环外部周围涂上多用途油脂。

▲图 3-33　使用油封冲杆安装油封

▲图 3-34　检查后桥固定端面凸缘与轴承间的距离

技能鉴定 ⚙

单件拆装第 6 题：更换后轮驱动后桥油封（单侧）

（1）试题说明、评审要点、评审表等可参阅附录 B。

（2）操作精度：扭力扳手为 ±10％读数。

（3）测试表：

测量项目	数据记录 （应检人填写）		评审结果 （监评人员填写）	
	规范值	测量值	合格	不合格
后桥油封形式	（ ）	（ ）		
外侧固定螺钉扭力	（ ）	（ ）		

课堂思考

你认为滑锤是利用何种物理特性来达到工作目的的？

3.6 更换后差速器齿轮油

相关知识 ⚙

（1）每 6 个月或每 10 000 km（以先到者为准）目视检查差速器托架是否漏油（液）；漏油（液）时，视必要情形更换各零件，如油封等。

（2）每 2 年或每 40 000 km（以先到者为准）检查差速器齿轮油液面高度；液面高度不足时，须补充规定的齿轮油。

（3）差速器齿轮油不足或不良，易导致车辆直线行驶时有异响，须予以补充或更换并加入规定的齿轮油。

技能项目 ⚙

实习名称	更换后差速器齿轮油	实习目标	熟练差速器齿轮油更换要领
使用器材	一般手工具、套筒组、扭力扳手、实习车辆、抽油机	技能鉴定	单件拆装第 8 题（见附录 B）：更换后差速器齿轮油

🚗 操作步骤

（1）根据顶车要领将车辆后部顶起。

（2）如图 3-35 所示，拆开差速器加油塞，检查齿轮油液面高度。

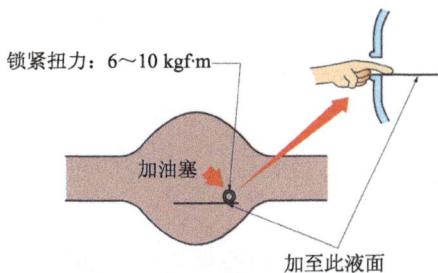

图 3-35　检查齿轮油液面高度

（3）齿轮油液面高度不足时，如图 3-36 所示，添加规定的齿轮油（如 API GL-5）至规定高度。

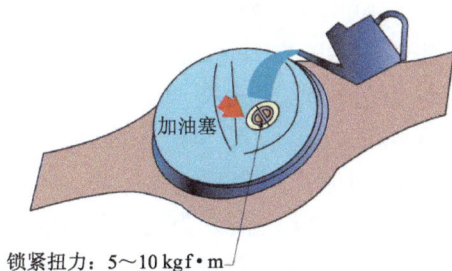

图 3-36　添加齿轮油至规定高度

（4）若油品不良或不符规定，则须进行齿轮油更换；更换时，可从差速器放油塞放干齿轮油，或以抽油机从加油塞抽干齿轮油；之后再按图 3-36 所示，添加规定的齿轮油至规定高度，约需 0.9 L。

（5）安装时，依规范扭力及拆卸的相反顺序进行。

技能鉴定

单件拆装第 8 题：更换后差速器齿轮油

（1）试题说明、评审要点、评审表等可参阅附录 B。

（2）测试表：

测量项目	数据记录 （应检人填写）		评审结果 （监评人员填写）	
	规范值	测量值	合格	不合格
齿轮油号数	（　　）	（　　）		
齿轮油容量	（　　）	（　　）		

综合测验

一 实力测验

是非题

(　　) 1. 检查轴承，置于强光下，如有粗糙、损坏或砂孔应换新。

(　　) 2. 轮轴轴承座圈的拆卸，通常用螺钉旋具。

(　　) 3. 染色试验检验龟裂时，是利用液体的毛细管现象而检查出零件表面的龟裂现象。

(　　) 4. 全浮式后桥毂（hub）轴承的调整，是将螺母用力锁紧后再退回1圈。

(　　) 5. 后桥总成要使用SAE90的润滑油。

(　　) 6. 后桥总成的各轴承应以煤油或柴油清洗。

(　　) 7. 在后桥总成发现黄油严重侵入制动鼓内等问题时，须更换后桥油封。

(　　) 8. 安装油封时，油封侧应面向制动底板。

(　　) 9. 每2年或每40 000 km（以先到者为准）目视检查差速器托架等是否漏油。

(　　) 10. 齿轮油油品不良时，可直接添加规范的齿轮油至规定高度。

选择题

(　　) 1. 安装轮轴承于轮轴时，须注意检查什么？
  (A) 始动扭力　　　　　　　　　(B) 始动扭力及轴向间隙
  (C) 轴向间隙　　　　　　　　　(D) 不须检查

(　　) 2. 检查轴向间隙应利用什么？
  (A) 线规　　　　　　　　　　　(B) 卡钳及钢直尺
  (C) 深度规　　　　　　　　　　(D) 百分表

(　　) 3. 护油圈装上轴之前应添加什么？
  (A) 机油或黄油　　　　　　　　(B) 汽油
  (C) 煤油　　　　　　　　　　　(D) 不可加油

(　　) 4. 如右图所示，这是后桥总成拆装分解的动作，试问此动作的目的是什么？
  (A) 做记号
  (B) 切除轴承内衬环
  (C) 切除挡圈（轴环）
  (D) 切除油封圈内座

(　　) 5. 有关前轮驱动轴上内侧万向节（差速器侧）及外侧万向节（车轮侧）的叙述，下列哪项错误？
  (A) 两万向节均为不等速万向节，如此才能使驱动轴等速运转
  (B) 外侧万向节转动角度大，防尘套容易损坏
  (C) 内侧万向节具有滑动作用

（D）组合万向节与防尘套时，在轴上螺纹与齿槽上包覆上胶布，以防伤害
油封及防尘套

（　）6. 如右图所示，你认为技术人员可能在从事哪一
项检查？

（A）后轮制动碟盘的偏摆度检查

（B）后轮轮毂的偏摆度检查

（C）后轮轮毂的光滑度检查

（D）后桥轴承端间隙检查

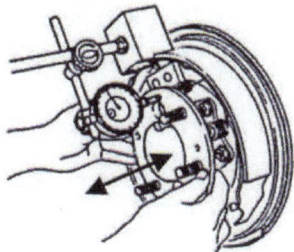

（　）7. 有关前轮轮毂拆卸、检查与安装时的注意事项，
下列叙述哪项错误？

（A）须使用铜棒与铁锤拆卸轴承外座钢圈

（B）在更换新轴承时，应将原油封装回

（C）旋紧轮轴承螺母时，须以扭力扳手锁紧

（D）完成轮轴承的螺母锁紧后，须再检查轴承预负荷与轴向间隙

问答题

1. 如何进行零件染色试验的非破坏性检验？
2. 车轮轴承的检查要领是什么？
3. 车轮轴承螺母若锁太紧，会有什么不良影响？
4. 如何判断 FF 式车驱动轴万向接头防尘套已破损，须立即更换？
5. 后轮驱动式后桥油封破损时，会导致什么状况？
6. 何时须检查差速器齿轮油液面高度？

二 练习题库

选择题

（　）1. FR 式车的传动轴通常是装于下列哪项之间？

（A）发动机与离合器之间　　　（B）变速器与最终减速装置之间

（C）离合器与变速器之间　　　（D）离合器与差速器之间

（　）2. 万向接头的十字轴与轴承换新时应该怎样做？

（A）只需换十字轴　　　　　　（B）只需换轴承

（C）任意更换其中一件　　　　（D）两者同时更换

（　）3. 传动轴制成空心的主要目的是什么？

（A）转速较快　　　　　　　　（B）比较坚固

（C）能承受较大扭力　　　　　（D）容易固定

（　）4. FF 式车每根驱动轴上使用何种部件？

（A）1 个等速万向节　　　　　（B）1 个不等速万向节

（C）2 个等速万向节　　　　　（D）2 个不等速万向节

（　　）5. 前轮传动的车，前进时正常，转向时有异响，其故障原因是什么？

（A）制动咬死　　　　　　　（B）传动轴磨损

（C）制动片磨损　　　　　　（D）制动分泵咬死

（　　）6. 传动轴中心轴承无油时，会发生什么现象？

（A）起步振动　　　　　　　（B）换挡困难

（C）高速时有噪声　　　　　（D）漏油

（　　）7. 安装轮轴承于轮轴上时，须注意检查什么？

（A）转动扭力　　　　　　　（B）轴端间隙

（C）转动扭力及轴端间隙　　（D）不须检查

第 4 章
制动系检修

Chapter
4

本章学习重点

制动系检修的主要项目有：

1. 制动总泵拆装。
2. 真空浮悬式制动增压器性能测试。
3. 制动管路检查。
4. 盘式液压制动系拆装及检查。
5. 制动钳夹总成分解、组合与检查。
6. 鼓式液压制动系拆装。
7. 鼓式制动机件检查。
8. 制动系排放空气与制动油更换。

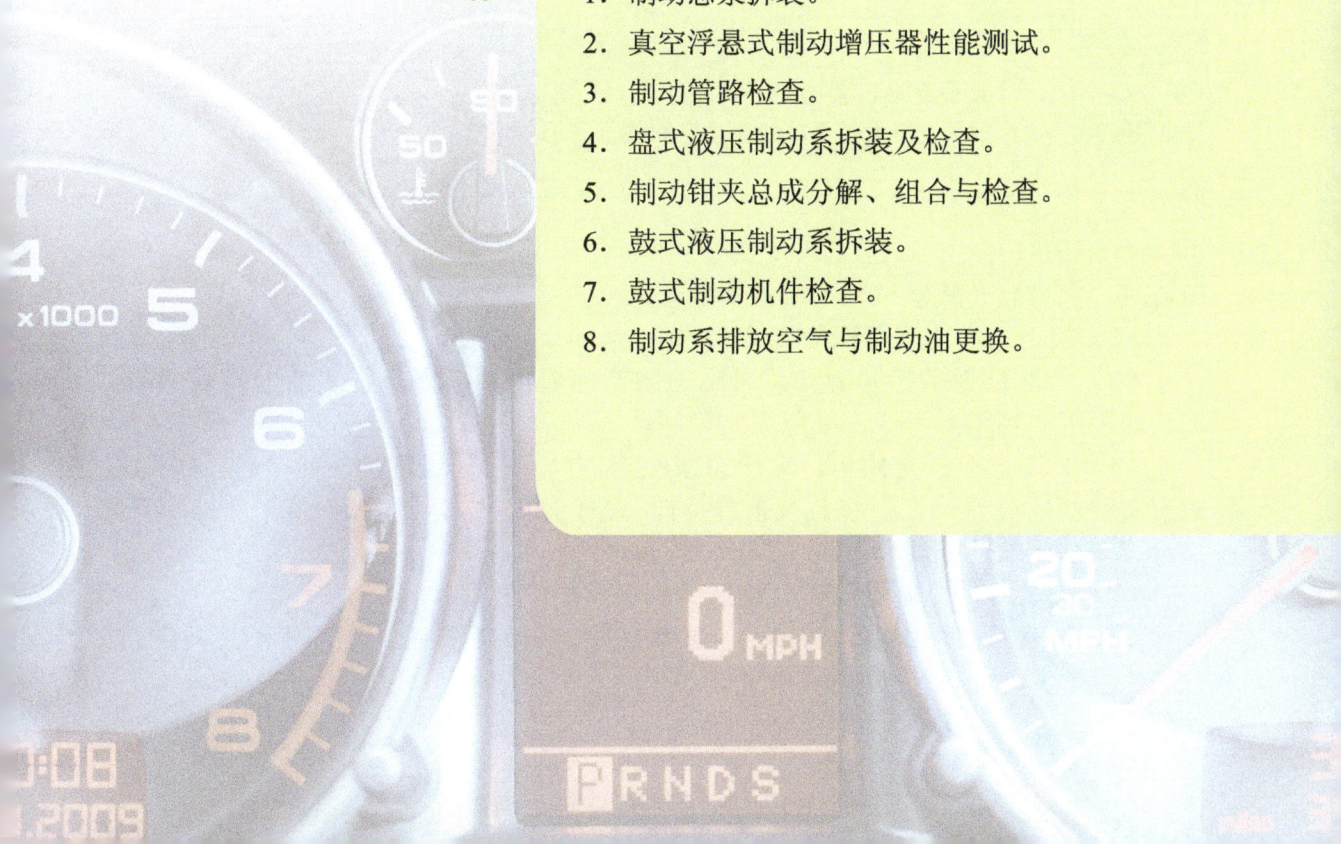

4.1 制动总泵拆装

相关知识 ⚙

　　制动总泵的作用主要是压送制动油到各轮分泵，产生制动作用。近来制动大多使用双回路制动系，总泵使用双活塞式，以确保一制动回路失效时，另一制动回路仍可正常作用，确保安全。因而制动总泵与制动作用是否确实有很大关系，应多加检查与保养，如有制动踏板太低、制动踏板软弱乏力、制动拖曳、系统中渗入空气、总泵漏油等征兆时，须进行总泵维修。

　　总泵活塞若因制动踏板调整不当等因素，造成无法完全退回时，回油孔被皮碗堵塞而未打开，以致制动油无法返回储油室，油压尚作用在各轮制动分泵与制动片上，因而各轮制动均有拖曳现象。若制动油中混有矿物油或不同厂牌、等级制动油也可能发生类似情况，因为矿物油会使皮碗胀大而堵塞回油孔，导致制动拖曳。

　　在拆卸制动总泵前，应先检查制动总泵下列情形：

　　（1）储油室油面高度是否在 MIN 与 MAX 之间。

　　（2）总泵防尘套附近是否有油污；如有，表示第二皮碗不良。

　　（3）踩住制动踏板时，若踏板仍往下降，表示第一皮碗不良。

　　（4）放松制动踏板时，旋松总泵放气螺钉，有制动油喷出，表示止回活门作用正常。

技能项目 ⚙

实习名称	制动总泵拆装		
使用器材	一般手工具、套筒组、实习车辆、油管扳手、扭力扳手、油盆、空油罐、尼龙软管	实习目标	熟练制动总泵拆装技巧

🛠 操作步骤

Step 1　拆卸制动总泵

　　（1）拆下制动油液面计的接线。

　　（2）用油管扳手拆开制动总泵上的制动油管，并以容器盛装漏出的制动油，制动油不可沾到车身烤漆，以免损伤烤漆。

　　（3）拆下总泵固定螺母，取出总泵；若制动系未装置制动辅助器时，则须先拉出制动踏板 U 形夹，并将总泵推杆推向总泵，使之与制动踏板分离。

Step 2　安装制动总泵

　　（1）安装时，根据规范扭力及拆卸的相反顺序进行。

　　（2）拆装双回路制动总泵时，须注意连接前缸或后缸的制动油管不可装错。

　　（3）安装后，需排放制动系空气。

如何根据储油室制动油外观，判断制动油是否仍适合继续使用？

4.2 真空浮悬式制动增压器性能测试

相关知识

近代车辆行车速度与载质量都大幅提高，在盘式制动无自动刹紧作用情况下，为确保行车安全，除减速慢行外，就是增进制动性能。因而车辆大多采用动力辅助液压制动系，减轻驾驶人对制动踏板的操作力，并获得较大制动力。

为确保制动系作用正常，制动增压器应进行如下测试：

（1）气密测试（无负荷时）；

（2）气密测试（负荷时）；

（3）检查止回活门；

（4）性能测试。

技能项目

实习名称	真空浮悬式制动增压器性能测试		
使用器材	一般手工具、实习车辆、制动增压器测试器、手动真空泵	实习目标	熟练制动增压器性能测试要领

操作步骤

Step 1 简易检查

（1）做好安全措施：用止挡块将前后车轮挡住，将变速器排入空挡，并踩下离合器踏板。

（2）踩紧制动踏板不放；在发动机刚起动时，制动踏板会轻微下降，表示制动增压器作用正常，如踏板没有下降，可能是真空管路或增压器不良。

（3）发动机运转 1～2 min 后，将发动机熄火，并踩制动踏板数次（每次踩下制动踏板的时间间隔至少 5 s），制动踏板的位置会较原来高度渐渐增加，表示制动增压器作用正常。

（4）制动增压器在有负荷时气密性检查：发动机运转中，踩住制动踏板后，将发动机熄火，制动踏板高度在 30 s 内没有变化，表示制动增压器作用正常；若制动踏板略微升高，表示制动增压器真空室真空泄漏。

Step 2 使用制动增压器测试器检查

（1）如图 4-1 所示，连接制动增压器测试器，并排放其中的空气。

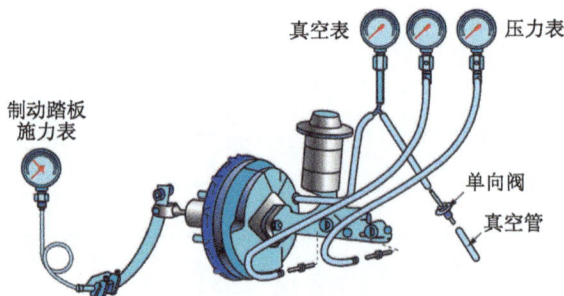

真空表   压力表
制动踏板
施力表
单向阀
真空管

△图 4-1　制动增压器测试器

（2）制动增压器无负荷时气密性检查：起动发动机并缓慢加速，当真空表指示到达 500 mmHg（1 mmHg≈133.3 Pa）时，将发动机熄火，在发动机熄火 15 s 后，真空数降低不可超过 25 mmHg。

（3）制动增压器负荷时气密性检查：起动发动机并缓慢加速，当真空表指示到 150 mmHg 时，将发动机熄火，并以 20 kgf 的力量踩下制动踏板 15 s 后，真空度下降不能超过 25 mmHg。

（4）检查止回活门：如图 4-2 所示，从接头处拆下夹子及软管，取出止回活门，并以手动真空泵在制动增压器侧施加 500 mmHg 真空，在 15 s 内，真空下降不能超过 10 mmHg；若施加压力在止回活门的制动增压器侧，而活门并未打开，也须更换止回活门。

（5）无增压作用时的性能检查：如图 4-3 所示，将发动机熄火，真空表指示为零时，踩下制动踏板，检查制动踏板作用力与产生的油压的关系，须符合规范要求，如踏力 10 kgf 时，油压须在 6.5 kgf/cm^2（1 kgf/cm^2≈0.098 MPa）以上；踏力在 20 kgf 时，油压须在 20 kgf/cm^2 以上。

（6）有增压作用时的性能检查：如图 4-3 所示，起动发动机并缓慢加速到真空表指示 500 mmHg 时，踩下制动踏板，检查制动踏板作用力与产生的油压的关系，须符合规范要求，如踏力 10 kgf 时，油压须在 30 kgf/cm^2 以上；踏力在 20 kgf 时，油压须在 60 kgf/cm^2 以上。

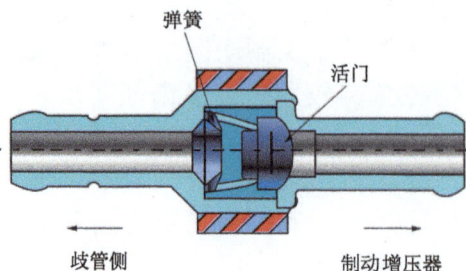

弹簧
活门
歧管侧　　　制动增压器

△图 4-2　检查止回活门

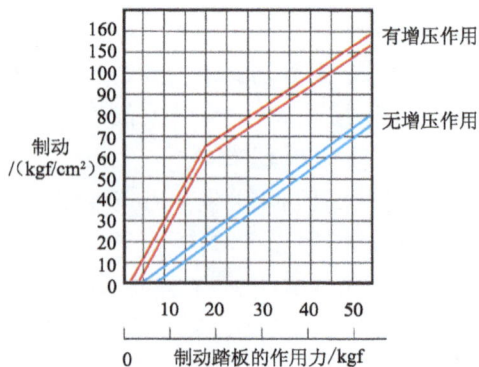

制动 /（kgf/cm^2）
有增压作用
无增压作用
制动踏板的作用力/kgf

△图 4-3　制动踏板作用力与制动油压的关系

课堂思考

你认为在拆卸真空浮悬式制动增压器前，先行做性能检查的目的何在？

4.3 制动管路检查

相关知识

制动管路大都以钢管或铜管为材料，但以钢管较普遍，因须能承受高油压，以免因管路破裂、漏油，导致制动失灵，影响行车安全。

安装制动管路时，须特别注意下列事项：

（1）制动管路与邻近构件须有足够空间，以防行车时，制动管路不致因振动或摩擦而受损、漏油。

（2）制动管路不能有扭曲或弯折的现象，以免破裂漏油。

（3）必要时，须以夹子予以系牢。

（4）不可过度旋紧制动油管螺母，以防喇叭口受损、漏油。

（5）制动管路一经拆装，应将制动管路内空气排除。

技能项目

实习名称	制动管路检查	实习目标	熟练制动管路检查要领
使用器材	一般手工具、套筒组、扭力扳手、油管扳手、实习车辆	技能鉴定	定期保养第16题（见附录A）：目视检查制动片厚度，制动圆盘、软管状况

操作步骤

（1）检查制动软管有无裂纹、肿胀或摩擦痕迹；若有则须更换。

（2）检查制动软管接头是否漏油，若有应重新旋紧，或予以更换；之后起动发动机并踩紧制动踏板 5 s 后，再检查各接头是否有漏油迹象。

（3）检查制动钢管有无压扁、锈蚀等现象；若有则须更换。

（4）检查制动油管固定夹的橡皮是否龟裂或损坏，若有则须更换；而在后桥壳上有 2 个复式夹，按图 4-4 所示的方式固定制动油管。首先将短夹弯向直立位置，再将制动油管置于长夹上，之后将长夹向上弯而绕压在油管上，最后将短夹向下弯，围绕在油管上，以固定制动油管。

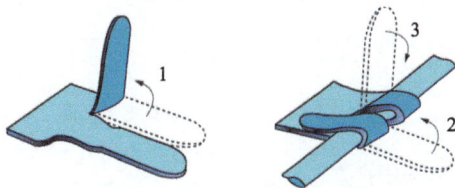

△图 4-4　制动油管的固定方式

技能鉴定

定期保养第 16 题：目视检查制动片厚度，制动圆盘、软管状况

（1）试题说明、评审要点、评审表等可参阅附录 A。

（2）测试表：

工作项目	检查结果（应检人填写） （不正常时于备注栏位填写位置或零件）				评审结果 （监评人员填写）		
	规范值	测量值	正常	不正常	合格	不合格	备注
目视检查制动片厚度，制动圆盘、软管状况	×	×	（ ）	（ ）			

课堂思考

请绘出实习车辆的制动管路配置图。

4.4 盘式液压制动系拆装及检查

相关知识

液压制动系以鼓式和盘式液压制动系最为普遍。当驾驶人踩下制动踏板时，制动总泵活塞将油压送往各轮分泵，推动制动片压紧制动圆盘（盘式）或以制动片压紧制动鼓（鼓式），由于制动片与制动圆盘或制动片与制动鼓间的摩擦作用，产生制动作用。

制动片的更换是制动系常见的保养与维修工作。拆下制动片后，不可踩制动踏板，否则活塞会跳出；将已磨损的制动片更换为新的制动片时，制动油可能会溢出总泵储油室，故更换制动片时，可同时旋松放气螺钉，以便排出制动油。其更换时机如下：

（1）制动片磨耗到小于规定（如最小厚度为 1.6 mm）时。

（2）制动片沾有油脂或变硬、变形时。

技能项目

实习名称	盘式液压制动系拆装及检查		
使用器材	一般手工具、套筒组、实习车辆、油管扳手、游标卡尺、百分表（含磁座）、千分尺、扭力扳手、制动油、尼龙软管、油盆	实习目标	（1）熟练盘式液压制动系拆装技巧。 （2）熟练盘式液压制动系检查要领

操作步骤

Step 1　拆卸制动片

（1）根据顶车要领将车辆前部顶起，并拆卸前轮。

（2）用真空吸尘器清洁、吸收制动片的摩擦粉末，以减少石棉微粒的危害。

（3）拆下U形夹，并拉出插销螺旋弹簧及制动片弹簧。

（4）如图4-5所示，用钳子将制动片从制动钳夹总成拔出。

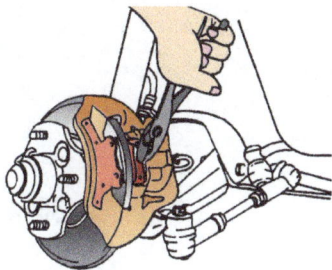

图4-5　拆卸制动片

Step 2　拆卸制动钳夹总成

（1）以油管扳手拆下制动钳夹总成上的制动油管，并塞住制动钳夹总成的油孔，以免制动油流出。

（2）松开将转向臂固定在支柱总成上及将制动钳夹总成固定在转向臂轴的螺栓，以拆下制动钳夹总成。

Step 3　检查盘式液压制动系

（1）检查制动片是否毁坏或沾有油脂；若有则须更换。

（2）如图4-6所示，从制动钳夹总成窥孔目视检查，或以游标卡尺量测制动片厚度，不得小于规定值，制动片最小厚度为1.6 mm。

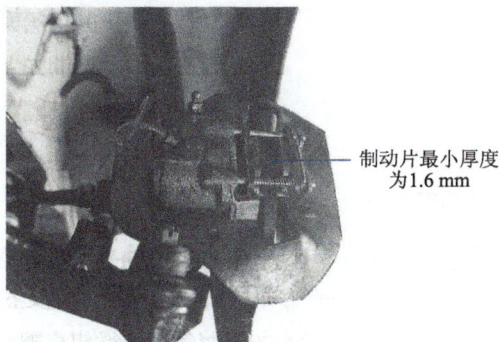

制动片最小厚度为1.6 mm

图4-6　从窥孔目视制动片厚度

（3）检查制动圆盘表面是否有破裂或明显的磨耗凹陷痕迹；若有则须更换。

（4）如图4-7所示，调整车轮轴承后，以百分表测量制动圆盘与制动块接触表面中心处偏转量，不得超过0.12 mm。

（5）如图4-8所示，使用千分尺检查制动圆盘的厚度及平行度。其厚度不可小于10 mm，而其制动圆盘各处的厚度差（不平行度）不可大于0.03 mm，以免造成车轮（轮胎）的振动，导致车辆损坏。

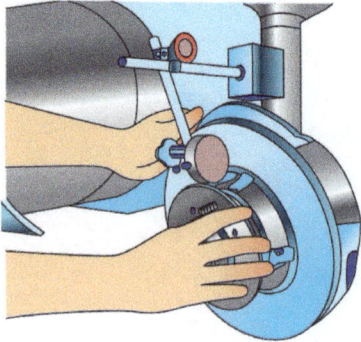

偏转量 ≤ 0.12mm

△图 4-7　检查制动圆盘偏转

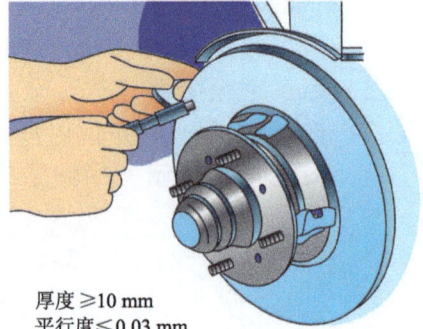

厚度≥10 mm
平行度≤0.03 mm

△图 4-8　检查制动圆盘的厚度及平行度

Step 4　安装盘式液压制动系

安装时，依规范扭力及拆卸的相反顺序进行，并注意下列事项：

（1）使用制动油清洁制动片，不可使用矿物油；若须更换制动片，须左、右两轮同时更换。

（2）如图 4-9 所示，清洁并用橡胶黄油涂敷在泵体轭导槽、轭的滑动接触部分及活塞末端表面上，但不可沾到制动圆盘及制动片上。

（3）如图 4-10 所示，填隙片上的箭头要指向制动圆盘旋转的方向。

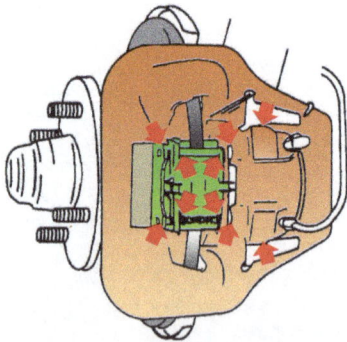

△图 4-9　涂橡胶黄油的部位

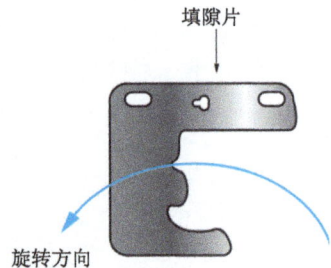

填隙片

旋转方向

△图 4-10　填隙片的安装方向

（4）如图 4-11 所示，安装内侧新制动片时，可松开放气螺钉，用手将外侧的活塞先行推入至活塞末端表面与罩上的扣环末端表面对齐为止，但不可推入过多，以致活塞的槽进入活塞封圈之内；若因此而拆下活塞，活塞封圈将会损坏。

（5）如图 4-12 所示，拉动泵体轭而推动内侧的活塞到泵体内，然后装上外侧新制动片。

（6）安装完成后，踩制动踏板数次，使制动块位置达到定位。

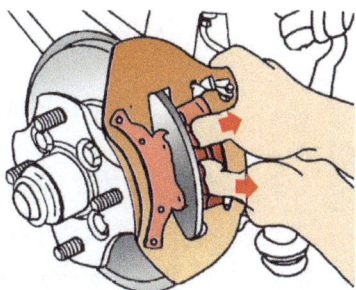

△ 图 4-11　推入外侧活塞以利内侧新制动片的安装　　△ 图 4-12　拉动泵体以利外侧新制动片的安装

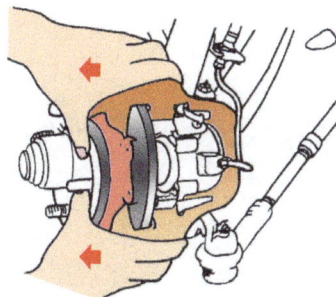

课堂思考

对行驶中的车辆而言，虽然慢慢踩下制动踏板，仍然会突然发生紧急制动现象，其可能原因为何？

4.5　制动钳夹总成分解、组合与检查

相关知识

如图 4-13 所示，制动钳夹总成主要构件有制动圆盘、泵体、活塞 A、活塞 B、制动片、轭、填隙片及弹簧等。制动总泵压送油压到制动钳夹总成，推动活塞，使制动片压紧制动圆盘，产生制动作用。

盘式液压制动系较常见的故障如下：因盘片过度使用造成制动踏板游隙过大；制动片不平行以致制动跳动或抖动；制动片有油脂、损坏或活塞阻滞，造成制动踏板需用力过大，或制动时，车辆拉向一边的问题；制动片摩擦到挡泥板等，产生杂音；活塞表面或油封损坏，导致分缸漏油或制动失效的问题。

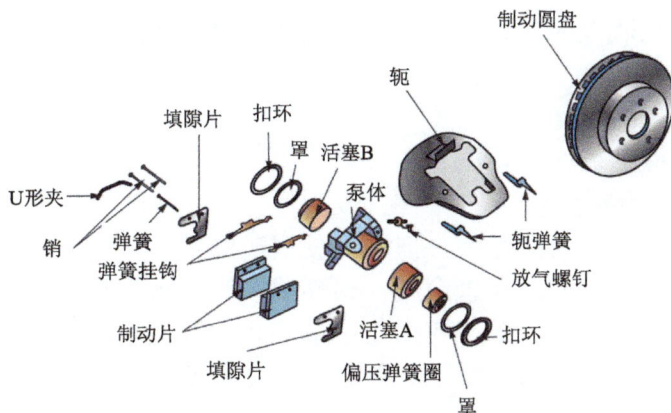

△ 图 4-13　盘式液压制动系组件

技能项目

实习名称	制动钳夹总成分解、组合与检查	实习目标	（1）熟练制动钳夹总成分解组合技巧。（2）熟练制动钳夹总成检查要领
使用器材	一般手工具、套筒组、扭力扳手、实习车辆、制动钳夹总成、制动油、修理包	技能鉴定	维修项目第1题的第（3）小题（见附录A）；更换指定盘式液压制动系分泵

操作步骤

Step 1　分解制动钳夹总成

（1）从泵体的上孔（进油孔）排放制动油到容器内。

（2）将活塞A与活塞B推入泵体内。

（3）如图4-14所示，用一软锤轻敲泵体，使泵体与轭分离。

（4）如图4-15所示，从活塞A上拆下偏压环，再取下活塞A及活塞B末端的扣环及罩。

▲图4-14　将泵体与轭分离

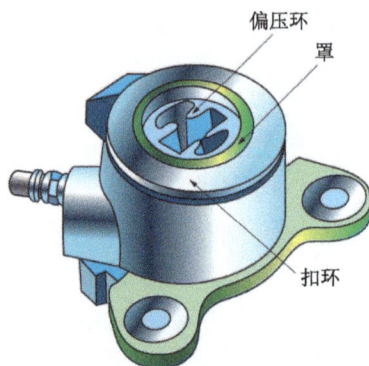

▲图4-15　拆卸偏压环、扣环及罩

（5）从进油孔吹入压缩空气，将活塞从泵体内挤出；压缩空气不宜太大，以免活塞跳出。

（6）拆下活塞的封圈。

（7）从轭上拆下轭的弹簧。

Step 2　检查制动钳夹总成

（1）用制动油彻底清洁零件，但不可使用矿物油。

（2）检查泵体内部表面是否磨耗、损伤或锈蚀；如发现不良，须更换泵体。

（3）检查轭有无磨耗、破裂或损伤；如不良也须更换。

（4）检查活塞有无刮伤、锈蚀、磨耗等；如有应予更换。

Step 3　组合制动钳夹总成

组合时，依分解的相反顺序进行，并注意下列事项：

（1）组合时，应更换活塞封圈及防尘套等。

（2）在泵体内部、活塞滑动部分等须涂敷橡胶黄油。

（3）偏压环装入活塞 A 内时，其圆形部分要面向活塞 A 内径的底部。

（4）如图 4-16 所示，活塞 A 与活塞 B 不可混用，活塞 A 内部底面上有一凹点，可作为区别。

（5）装入活塞时，小心不可推入过多，且活塞 A 的偏压环下的轭凹槽须与缸上的轭凹槽相符合。

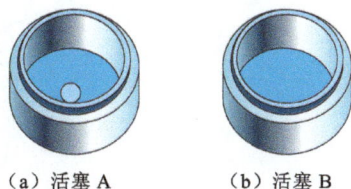

（a）活塞 A　　　　（b）活塞 B

▲图 4-16　活塞 A 与活塞 B 的区别

技能鉴定

维修项目第 1 题的第（3）小题：更换指定盘式液压制动系制动分泵

（1）试题说明、评审要点、评审表等可参阅附录 A。

（2）测试表：

工作项目	检查结果（应检人填写）（不正常时于备注栏位填写位置或零件）				评审结果（监评人员填写）		
	规范值	测量值	正常	不正常	合格	不合格	备注
更换指定盘式液压制动系制动分泵(指定1轮_____轮)	×	×	（　　）	（　　）			含放空气

课堂思考

行驶中的车辆，除因制动问题会造成车辆拉向一边外，你认为哪些问题（构件）也可能造成车辆拉向一边？

4.6 鼓式液压制动系拆装

相关知识

图 4-17 为鼓式液压制动系组件图，主要构件有制动片、制动鼓、制动分泵、调整器总成、制动底板、防音销及弹簧等。当制动总泵压送的油压进入制动分泵内，推动分泵活塞，使制动片外张摩擦制动鼓，产生制动作用。

鼓式液压制动系可能发生的故障如下：因制动片磨耗或调整不良，导致制动踏板太低；制动片调整不良、制动片黏滞、制动分泵受损及回位弹簧太弱，造成制动单一拖曳；制动片有油污、调整不良、黏滞及接合不良等，造成制动单边；制动片吸附水分、调整不良、烧毁等，造成制动踏板需用力过大；制动片扭曲、磨损及制动鼓磨损粗糙，导致制动时有异响；分泵漏油，导致制动失效等问题。

▲图 4-17　鼓式液压制动系组件图

技能项目 ⚙

实习名称	鼓式液压制动系拆装	实习目标	熟练鼓式液压制动系拆装技巧
使用器材	一般手工具、套筒组、实习车辆、油管扳手、制动油、扭力扳手、分泵修理包、吸尘器、尼龙软管、空油罐	技能鉴定	维修项目第 1 题的第（2）小题（见附录 A）：更换指定鼓式制动片

🚚 操作步骤

Step 1　拆卸制动片

（1）根据顶车要领顶起车辆后部，拆卸后轮。

（2）拉驻车制动拉杆，将阻挡器销拔出，以分离肘形杆及阻挡器后，放松驻车制动拉杆，以利制动鼓的拆卸。

（3）拆卸制动鼓，若制动鼓不易拆卸，如图 4-18 所示，利用两支螺栓旋入修护孔，用以顶出制动鼓。

（4）如图 4-19 所示，拆卸防音销及弹簧。

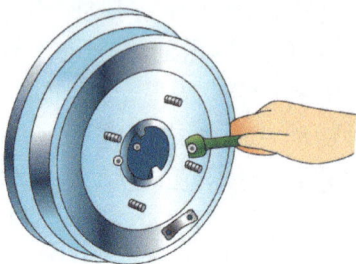

▲图 4-18　用螺栓顶出制动鼓

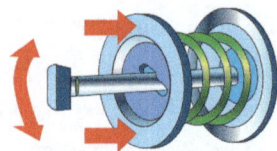

▲图 4-19　拆卸防音销及弹簧

（5）如图 4-20 所示，拆卸回位弹簧及制动片。拆卸制动片时，应先拆支承销固定端。

Step 2　拆卸驻车制动机构

如图 4-21 所示，拆卸驻车制动回位弹簧，并取出钩销，以分离驻车制动拉索及拉杆。

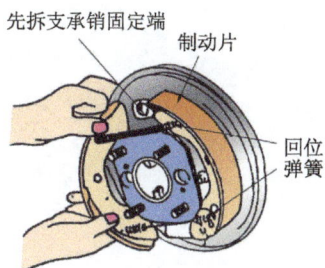

▲图 4-20　拆下回位弹簧及制动片

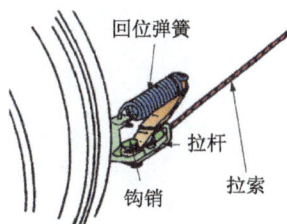

▲图 4-21　将驻车制动拉线与拉杆分离

Step 3　拆卸制动分泵

（1）拆下防尘套及附有调整器的肘形杆。

（2）以油管扳手拆开制动油管的喇叭口螺母，并用塞子塞住制动油管开口端，以免制动油污染周围或车身漆面。

（3）拆下制动分泵。

Step 4　安装鼓式液压制动

安装时，根据规范扭力及拆卸的相反顺序进行，并注意下列事项：

（1）清洗制动零件时须用制动油，不可使用矿物油。

（2）若使用制动分泵修理包时，须注意不同厂牌的零件不可互换使用。

（3）左、右轮制动间隙调整器的螺纹并不相同（左轮制动间隙调整器为左螺纹，右轮制动间隙调整器为右螺纹），不可混用。

（4）如图 4-22 所示，在调整螺母及杆的螺纹部分、调整器及肘形杆间、销与滚子间的接触表面涂加一层薄黄油；而在制动底板、制动片等接触面不可沾有黄油。

（5）若制动片须更换，则左、右两轮制动片应同时更换。

（6）有些制动片的粉末含有致癌的石棉成分，拆装时应避免吸入粉末，可先以吸尘器吸除制动片周围的粉末，以维护健康。

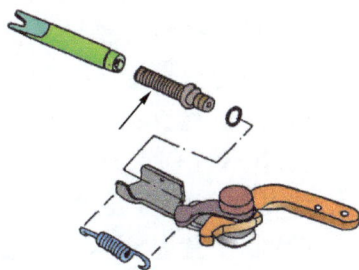

▲图 4-22　涂黄油的部位（箭头指示处）

（7）安装完成后，须检查并调整制动片与制动鼓的间隙之后，再放除制动系空气。

技能鉴定 ⚙

维修项目第 1 题的第②小题：更换指定鼓式制动片

（1）试题说明、评审要点、评审表等可参阅附录 A。

（2）测试表：

工作项目	检查结果（应检人填写）（不正常时于备注栏位填写位置或零件）				评审结果（监评人员填写）		
	规范值	测量值	正常	不正常	合格	不合格	备注
更换指定鼓式制动片（指定 1 轮_____轮）	×	×	（ ）	（ ）			

课堂思考

就拆装而言，你认为盘式液压制动系与鼓式液压制动系，何者较易保养？

4.7 鼓式制动机件检查

相关知识 ⚙

鼓式制动机件检查主要项目如下：

（1）制动鼓检查：制动鼓若磨损、失圆、斜差等超过规定值，则须更换。

（2）制动片检查：制动片若沾有油污、磨损、厚度小于规定值，则须更换。

（3）回位弹簧、销的检查：回位弹簧太弱或有裂纹等，则须更换。

（4）制动分泵检查：防尘套破裂、分泵漏油等，也须更换。

（5）其他检查：制动分泵、制动片等接触面不可沾有油污；制动分泵及防音弹簧等处也不可有水分进入；确定调整器动作适当。

制动时，车轮附近发出吱吱的声响时，须注意下列事项：

（1）制动片是否太脏，因而踩制动踏板时，制动片与制动鼓未能紧密接触，而发出尖锐声响。

（2）制动片厚度是否磨耗太薄（少于 1.6 mm），因而制动时，制动片的底部（即金属基座部位）与制动鼓发出摩擦的声响，且制动力也迅速降低，相当危险；或是因制动片上的安全磨耗警告铁片与制动鼓相摩擦，而发出吱吱的声响。

（3）制动片因加入金属成分，而材质较硬，虽可缩短制动距离，但较大摩擦因数（材质较硬）的制动片与制动鼓摩擦，也会产生声音。

（4）鼓变形，因而制动时，变形的制动鼓无法与制动片配合，致使接触面不佳，也会发出吱吱的声响。

技能项目

实习名称	鼓式制动机件检查		
使用器材	一般手工具、鼓式制动机件（制动鼓、制动片、回位弹簧、销、分泵）、游标卡尺、砂纸（120#~150#）	实习目标	熟练鼓式制动机件检查要领

操作步骤

Step 1　检查制动鼓

（1）检查制动鼓与制动片接触面是否有磨损或伤痕，或呈阶状的磨损；若有上述情况，须更换或研磨。

（2）如图 4-23 所示，使用游标卡尺量测制动鼓内径，其磨耗后最大内径不得超过规定值，不合规定者，应予更换。

制动鼓内径亦可使用制动鼓内径规量测，如图 4-24 所示。

▲图 4-23　检查制动鼓内径

▲图 4-24　制动鼓内径规

（3）如图 4-25 所示，使用游标卡尺量测制动鼓不同部位（方向）的内径，其内径差即为失圆度，不得大于规定值；若失圆度超过规定值（一般为小于 0.02 mm），则制动鼓须更换或研磨。

（4）如图 4-26 所示，使用游标卡尺量测制动鼓缘口内径 A，再量测距缘口 40 mm 处的内径 C，其内径差即为斜差，不得大于规定值（一般为小于 0.02 mm）；若斜差超过规定值，则制动鼓须研磨处理。

（5）制动鼓与制动片接触表面，应使用 120# ~ 150# 的砂纸抛光。

（6）制动鼓整修或更换后，应检查制动鼓与制动片间是否具有适当的接触面。

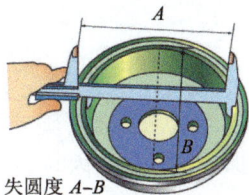

失圆度 $A-B$

▲图 4-25　检查制动鼓失圆度

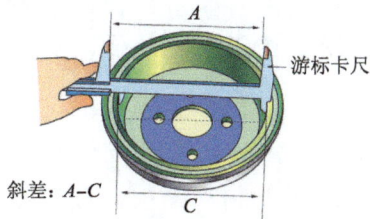

游标卡尺

斜差：$A-C$

▲图 4-26　检查制动鼓斜差

Step 2　检查制动片

（1）检查制动片是否变硬，表面太光滑、破裂或油污；如有须更换。

（2）如图 4-27 所示，检查制动片厚度（不包含蹄片厚度），小于 1.5 mm 时，须更换。

Step 3　检查回位弹簧、销

检查各弹簧及销是否有裂纹或疲乏现象；如有须更换。

Step 4　检查制动分泵

（1）检查制动分泵是否漏油或防尘套是否潮湿等；如有须更换。

（2）以手轻压分泵活塞，检查分泵作用是否良好；如卡住或阻滞，则更换分泵。

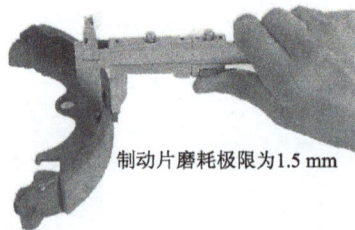

制动片磨耗极限为1.5 mm

△图 4-27　检查制动片厚度

课堂思考

导致制动力衰退（brake fade）的原因有哪些？

4.8 制动系排放空气与制动油更换

相关知识

液压制动系是利用制动油（液体）的不可压缩性，以传递制动压力的。若液压系内渗入空气，则因空气是可压缩的，因而当制动踏板踩下时，系统内的空气被压缩，无法将制动油压传达到制动装置，即无制动作用；放松制动踏板时，系统内空气又膨胀，占据了管路空间，因而踩下制动踏板时，空气又被压缩而感觉软绵绵的。

空气进入液压制动系中的原因如下：制动总泵储油量不足、防止门损坏或通气孔堵塞、接头不紧密或拆装制动零件等，而排放空气的方法，有高压法、低压法及加压法等。

❶ 高压法

高压法由两人操作，一人连续踩放制动踏板数次，直到有制动压力踩紧踏板后，另一人在车底下旋松放气螺钉，以排放空气。锁紧放气螺钉后，驾驶室的人才可将制动踏板缓慢放松。重复上述动作，直到空气排放干净。

❷ 低压法

低压法与高压法皆由两人共同操作，其差异在车底下的人先旋松放气螺钉后，驾驶室的人再缓慢踩下制动踏板，让制动油排放，以带走系统内的空气，并在放气螺钉锁紧后，才能放松制动踏板。重复上述动作，直到空气排放干净。

❸ 加压法

如图 4-28 所示，加压法是利用制动油加压器，以排放空气及制动油更换等，此法只需一人操作，且能快速、有效排放空气。

　　有些地区湿度高，空气中水分渗入制动油中，降低制动油沸点，易造成制动不良或失灵，因而制动油应依规定（每年）更换，以维持制动油质量，确保制动作用正常。制动油更换时，须以厂家规定的制动油更换，以防皮碗受损而漏油。

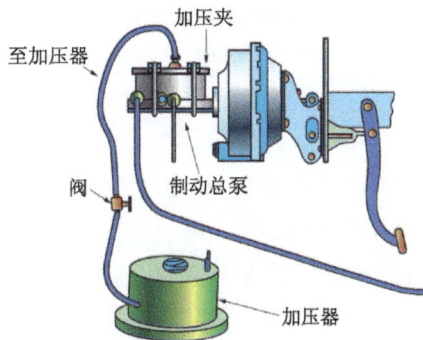
△图 4-28　制动油加压器

技能项目

| 实习名称 | 制动系排放空气与制动油更换 | 实习目标 | （1）熟练制动系排放空气要领。 |
| 使用器材 | 一般手工具、实习车辆、制动油、油管扳手、尼龙软管、空油罐 | | （2）熟练制动油更换技巧 |

操作步骤

Step 1　准备及注意事项

　　（1）打开储油室盖，加注制动油至 MAX 最高刻度，且随时注意添加，但不同厂牌制动油不可混用。

　　（2）如图 4-29 所示，在放气螺钉上接一透明软管，并将另一端浸入盛有制动油的空罐中，以回收排放的制动油，以免污染周围零件及车身面漆，且回收的制动油不可再使用。

　　（3）排放的制动油呈白色且含气泡，表示含有空气；若排放的制动油为纯液体且无气泡，则表示制动油中已无空气。

　　（4）装有制动增压器的制动系排放空气时，须在发动机发动时进行。

Step 2　排放空气的顺序

　　（1）排放空气的顺序为总泵→后轮→前轮。图 4-30 所示为排放空气的顺序。

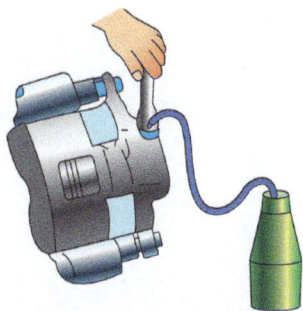
△图 4-29　回收排放的制动油

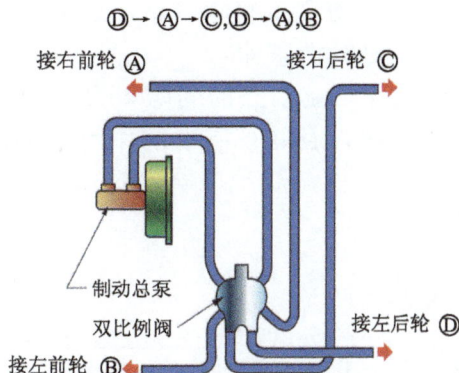
△图 4-30　排放空气的顺序

　　（2）若制动总泵无放气螺钉时，可旋松油管接头固定螺母，进行排放空气的操作。

Step 3　排放空气的方法（以高压法为例）

（1）全程踩、放制动踏板几次后，在踩紧制动踏板时，用油管扳手旋松制动总泵、分泵或制动钳夹总成上的放气螺钉，以排放空气。

（2）旋紧放气螺钉后，缓慢放松制动踏板。

（3）重复步骤（1）～（2），直到放出的制动油为纯液体且无气泡为止，代表空气已排放干净。

Step 4　更换制动油的方法

（1）用油壶或注射筒将总泵储油室内的旧制动油全部抽出，然后添加新的制动油。

（2）旋松制动总泵（或制动分泵或制动钳夹总成）放气螺钉，但其他的放气螺钉则予以旋紧。

（3）缓慢地全程踩下制动踏板，再缓慢放松制动踏板。

（4）注意补充储油室的制动油，并重复步骤（2）～（3）的动作，直到新制动油从放气螺钉排出为止。

（5）依排放空气要领，进行制动系空气的排放。

> **课堂思考**
>
> 在排放空气过程中，如何确定系统内的空气已排放干净？

4.9　制动鼓与制动片的间隙调整

相关知识

盘式制动片释放时，由油封从扭曲回到正直的弹力，将活塞拉回，可自动调整制动块与制动圆盘间的间隙；但在鼓式制动中，则须在使用一段时间或拆装后，进行制动鼓与制动片的间隙调整，近来已大多使用自动调整机构，如此，只须在拆装制动片后，进行调整即可。

若制动片与制动鼓的间隙太大，则导致制动片张开到摩擦制动鼓的行程较长，因而制动迟缓，且驻车制动的作用也不良；若是其间隙太小，则制动片张开摩擦制动鼓的动作太快，制动又会太灵敏，而且也有可能因为制动片黏滞，造成制动拖曳、咬死的现象。

技能项目

实习名称	制动鼓与制动片的间隙调整	实习目标	熟练制动鼓与制动片的间隙调整要领
使用器材	一般手工具、实习车辆		

操作步骤

Step 1　调整螺母式调整方法

（1）放下驻车制动拉杆，并踩放制动踏板数次，使制动片回到正确位置。

（2）根据顶车要领顶起车辆后部，并在车辆前面放置止挡块，以便将车辆挡住，之后再用三脚架放置于车身侧梁下方，确保安全。

（3）如图4-31所示，将一字头旋具插入车轮钢圈上的制动间隙调整孔，并向下拨动调整螺母，直到调整螺母不再转动，将制动片向外张开与制动鼓接触。

（4）再以一字头旋具向上拨动调整螺母（4～8次），使制动片内缩到刚好不与制动鼓接触，即制动鼓（车轮）刚刚能自由转动即可。

Step 2　自动调整式调整方法

制动鼓安装完成后，在车辆缓慢行驶时拉放驻车制动拉杆数次，使调整器总成自动调整制动鼓与制动片间隙。

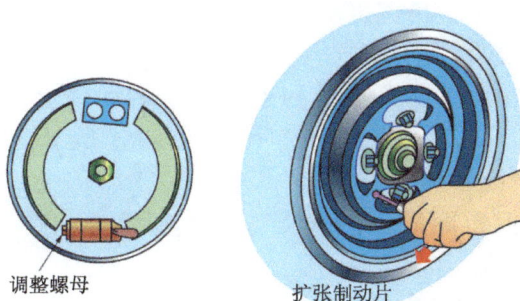

图4-31　向下拨动调整螺母，以扩张制动片

课堂思考

在自动调整式中，为何在车辆缓慢行驶时拉放驻车制动拉杆数次，即可完成制动鼓与制动片的间隙调整？

4.10　制动踏板高度与游隙调整

相关知识

制动踏板高度是指制动踏板在无外力作用（未踩）下，踏板垫与车底板间的距离；而制动踏板游隙则是以手指压踏板，直到制动开始作用感觉有阻力为止的距离，此段游隙是由钩销与销孔间的游隙及活塞与推杆间的游隙所形成的。

制动踏板太高，可能造成制动踏板一直紧压制动灯开关，使制动灯开关受损，也会因而影响制动性能；制动踏板太低，则总泵活塞无法退回原位，因而油压无法释放，以致制动咬死。而制动踏板游隙太大，制动踏板开始作用距离变长，以致制动迟缓；若制动踏板游隙太小，与制动踏板太低相同，都会造成制动咬死。

技能项目

实习名称	制动踏板高度与游隙调整	实习目标	（1）熟练制动踏板高度调整要领。 （2）熟练制动踏板游隙调整要领
使用器材	一般手工具、实习车辆、钢直尺	技能鉴定	定期保养第4题（见附录A）：检查制动踏板

操作步骤

Step 1　调整顺序

调整顺序为制动踏板高度、制动踏板游隙，最后检查制动踏板踩下后高度。

Step 2　调整制动踏板高度

如图4-32所示，以钢直尺量测制动踏板中心（P点）到车底板的高度（H）；若不合规范，先拆下开关线头，再调整制动灯开关，使制动踏板高度合乎规范。

Step 3　调整制动踏板游隙

（1）如图4-32所示，以钢直尺量测手指轻压制动踏板到有阻力时的移动距离，此距离即制动踏板游隙（A），应合乎规范；若不合规范，应调整制动增压器推杆，使制动踏板游隙合乎规范。

（2）调整制动踏板游隙时，应检查制动踏板高度，应合乎规范，若有需要，须再调整，直到合乎规范。

Step 4　检查制动踏板踩下后高度

如图4-33所示，以钢直尺检查制动踏板踩下后与车底板的距离（S），要合乎规范，一般须在制动踏板高度一半以上的距离。若不合规范，须检查制动系是否漏油、有无空气、零件作用不良或制动鼓与制动片间隙太大等，并予以修理更换；待问题排除后，制动踏板踩下后高度会回复到规范的高度以上。

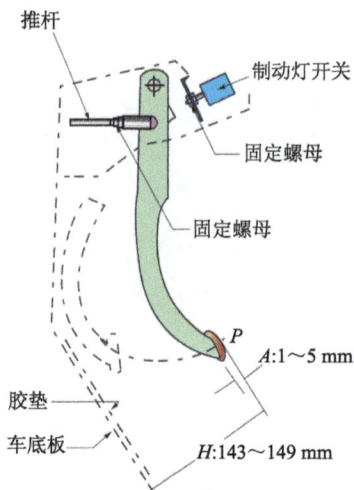

推杆　制动灯开关　固定螺母　固定螺母　A:1～5 mm　胶垫　车底板　H:143～149 mm　P

▲图4-32　检查制动踏板高度、游隙

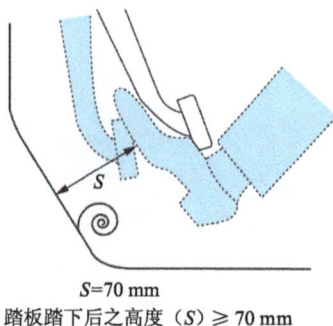

S

S=70 mm

踏板踩下后之高度（S）≥70 mm

▲图4-33　检查制动踏板踩下后的高度

技能鉴定

定期保养第 4 题：检查制动踏板高度

（1）试题说明、评审要点、评审表等可参阅附录 A。
（2）测试表：

工 作 项 目	检查结果（应检人填写）（不正常时于备注栏位填写位置或零件）				评审结果（监评人员填写）		
	规范值	测量值	正常	不正常	合格	不合格	备注
检查制动踏板高度	×	×	（ ）	（ ）			

课堂思考

你认为检查制动踏板踩下后高度的目的是什么？

4.11 驻车制动调整

相关知识

　　驻车制动调整是以 20 kgf 的拉力，将驻车制动拉杆由放松状态到拉紧位置，其响数须合乎规范（7～8 齿）。若驻车制动因拉杆松弛、制动鼓与制动片的间隙变大，导致驻车制动无法在车辆停止时，确实将车轮停住不滑动，则须进行调整。

　　驻车制动检查应每半年定期进行，且须先确认制动鼓与制动片的间隙合乎规范，以免影响制动的检查与调整。若驻车制动太松（齿数太多），则驻车制动效果不佳或失效；而驻车制动太紧（齿数太少），则易造成驻车制动咬住，造成耗油、后轮制动发烫及自动调整器无法作用等问题。

技能项目

实习名称	驻车制动调整	实习目标	熟练驻车制动调整要领
使用器材	一般手工具、实习车辆	技能鉴定	定期保养第 3 题（见附录 A）：检查驻车制动行程。维修操作第 1 题的第（4）小题（见附录 A）：调整驻车制动

操作步骤

（1）确认后轮制动鼓与制动片间隙合乎规范，车轮能自由转动。

（2）如图 4-34 所示，以规定拉力（约 20 kgf）将驻车制动拉杆拉起，其响数（缺口数）须合乎规范。

（3）如图 4-35 所示，若响数不合规范，则松开后拉杆调整器固定螺母，调整拉杆行程，使驻车制动作用行程合乎规范。

拉力：20 kgf

杠杆行程：93～106 mm
响　　数：7～8响

▲图 4-34　检查驻车制动响数

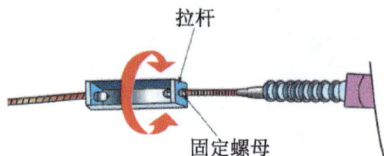

拉杆

固定螺母

▲图 4-35　转动拉杆以调整驻车制动

（4）确实锁紧驻车制动调整器固定螺母。

（5）将驻车制动完全放松，检查后车轮是否能转动自如。

（6）调整后，将点火开关转至 ON，拉起驻车制动，驻车制动警告灯应该点亮。

技能鉴定

第 1 题　定期保养第 3 题：检查驻车制动行程
第 2 题　维修操作第 1 题的第（4）小题：调整驻车制动

（1）试题说明、评审要点、评审表等可参阅附录 A。
（2）测试表：

工作项目	检查结果（应检人填写）（不正常时于备注栏位填写位置或零件）				评审结果（监评人员填写）		
	规范值	测量值	正常	不正常	合格	不合格	备注
检查驻车制动行程	×	×	（　）	（　）			

工作项目	检查结果（应检人填写）		评审结果（监评人员填写）		
	规范值	测量值	合格	不合格	备注
调整驻车制动	×	×			含放空气

课堂思考

踩下制动踏板发现制动作用不佳或失灵时，该如何紧急应变？日常该如何预防制动失灵的发生？

综 合 测 验

一 实力测验

是非题

( )　1. 制动油很久没换会造成制动油沸点降低。
( )　2. 制动油管两端要压成喇叭口，以配合接头，防止漏油。
( )　3. 制动总泵和制动分泵的配件应使用酒精或制动油清洗。
( )　4. 双回路制动总泵有一个回油孔阻塞时，所有车轮将发生拖曳现象。
( )　5. 添加制动油时，不必使用同一厂牌制动油。
( )　6. 制动系排放空气时，应从制动总泵开始作业。
( )　7. 真空液压辅助制动装置的检查，当踩住制动踏板起动发动机时，制动踏板有稍微的下降，表示油压系统漏油。
( )　8. 装有真空增压制动器的液压制动车辆，如果发动机熄火，制动就不能作用。
( )　9. 液压制动的制动总泵活塞推杆间隙过小，会使制动咬住。
( )　10. 制动总泵回油孔阻塞，所有车轮将发生拖曳现象。
( )　11. 拆装制动油管接头使用普通开口扳手即可。
( )　12. 加制动油，一定要将加油口擦拭干净，勿使尘埃进入总泵内。
( )　13. 制动油路排放空气时，当喷出的油中无气泡时，应放松制动踏板后再锁紧放气螺钉。
( )　14. 锈死的制动鼓应使用榔头用力敲击拆卸。
( )　15. 制动踏板游隙愈小愈好，制动时比较容易停车。
( )　16. 制动片磨耗后制动踏板游隙会变小。
( )　17. 液压制动的驻车制动鼓温度过高，会产生制动气阻现象。
( )　18. 鼓式制动的制动片回位弹簧的弹力过弱时，容易使制动鼓过热。
( )　19. 在调整制动片与制动鼓的间隙之前，必须先踩制动踏板数次，以便使制动片位于正确的位置。
( )　20. 如果四轮制动全部咬死，其可能的故障在制动总泵。
( )　21. 当制动释放，制动油被送回总泵主要是靠制动片回位弹簧。
( )　22. 液压制动排放空气原则，应从距制动总泵最近的一轮先行作业。
( )　23. 制动单边的原因可能为制动片间隙调整不良。
( )　24. 制动分泵皮碗容易翻转的原因为油路内有空气。
( )　25. 浮动钳夹式盘式制动，制动片与制动圆盘的间隙是由活塞油封自动调整的。

选择题

( )　1. 制动软管一般厂家规定是什么？
　　（A）10 000 km 更换　　　　　（B）40 000 km 更换

　　　　　　　(C) 100 000 km 更换　　　　　　　(D) 不用更换

(　) 2. 为了确保制动系的正常作用，制动油管必须使用高质量的什么管？
　　　　(A) 铜管　　(B) 铅管　　　　(C) 钢管　　　　(D) 铝管

(　) 3. 车辆行驶中制动警告灯亮时，表示什么？
　　　　(A) 发电机不充电
　　　　(B) 制动油壶面太低或制动片厚度不够
　　　　(C) 制动片卡住制动圆盘
　　　　(D) 制动油温度过高

(　) 4. 液压制动总泵的回油孔阻塞时，会发生什么？
　　　　(A) 制动不灵　　　　　　　(B) 前后轮制动咬住
　　　　(C) 制动踏板过低　　　　　(D) 制动踏板踩踏力量较大

(　) 5. 使用低沸点制动油，在温度升高时会发生什么？
　　　　(A) 制动咬住　　　　　　　(B) 制动时容易停止
　　　　(C) 制动踏板踩踏力量减少　(D) 制动时不容易停止

(　) 6. 制动总泵或制动分泵分解时，须用何物清洗？
　　　　(A) 汽油　　　　　　　　　(B) 煤油
　　　　(C) 酒精　　　　　　　　　(D) 制动油

(　) 7. 在真空制动检验器上，真空制动器的真空检验应该以几寸（1寸≈3.33 cm）真空来检验？
　　　　(A) 5寸　　　　　　　　　(B) 10寸
　　　　(C) 20寸　　　　　　　　　(D) 30寸

(　) 8. 真空制动器如果没有漏气，在15 s内真空跌落不可超过多少水银柱高？
　　　　(A) 1寸　　　　　　　　　(B) 3寸
　　　　(C) 5寸　　　　　　　　　(D) 10寸

(　) 9. 在汽车上排除真空液压制动系中的空气时，发动机应该怎样？
　　　　(A) 熄火　　　　　　　　　(B) 怠速空转
　　　　(C) 低速　　　　　　　　　(D) 高速

(　) 10. 目前常用的制动油是什么？
　　　　(A) SAE 40　　　　　　　(B) DOT 3
　　　　(C) Dexron II　　　　　　(D) SAE 10

(　) 11. 制动踏板放松后，制动油能由分泵回流是靠什么？
　　　　(A) 制动片间的回位弹簧　　(B) 分泵内的弹簧
　　　　(C) 惯性　　　　　　　　　(D) 制动踏板的回位弹簧

(　) 12. 液压制动系的前后轮制动咬住，可能原因是什么？
　　　　(A) 制动鼓失圆　　　　　　(B) 制动总泵制动油不足
　　　　(C) 制动片有油污　　　　　(D) 制动总泵活塞推杆间隙过小

(　) 13. 液压制动踏板自由间隙太小，会使制动总泵的什么部件阻塞？
　　　　(A) 进油孔　　　　　　　　(B) 通气孔

（C）回油孔　　　　　　　　　（D）逆止阀

（　　）14. 单边制动可能的原因是什么？
　　　（A）制动系有空气　　　　　　（B）制动油不足
　　　（C）制动片间隙调整不当　　　（D）制动踏板自由间隙调整不当

（　　）15. 制动踏板游隙如太大则会发生什么？
　　　（A）车轮咬住不能放松
　　　（B）不能产生充足的液压将车轮刹住
　　　（C）制动鼓及制动片加速磨损
　　　（D）以上皆非

（　　）16. 制动鼓若不圆，则行车时易引起什么现象？
　　　（A）制动完全不灵　　　　　　（B）制动不太灵
　　　（C）制动单边　　　　　　　　（D）制动咬死

（　　）17. 制动踏板游隙间隙为多少？
　　　（A）1～5 mm　　　　　　　　（B）5～10 mm
　　　（C）10～15 mm　　　　　　　（D）不需游隙

（　　）18. 如右图所示，该图表示技术人员正从事制动系的何种检查？
　　　（A）制动圆盘平面度检查
　　　（B）制动圆盘偏摆度检查
　　　（C）制动圆盘光滑度检查
　　　（D）轮毂轴承端间隙检查

（　　）19. 在液压制动系制动总泵中，用以保持制动油管内适当的残压，是下列哪一个组件的功能？
　　　（A）第一皮碗　　　　　　　　（B）第二皮碗
　　　（C）防止门（止回阀）　　　　（D）比例阀（NP 阀）

（　　）20. 下列有关液压制动系的叙述，哪项正确？
　　　（A）踩下制动踏板有跳动现象，可能是油管中有空气
　　　（B）制动鼓与制动片的间隙太小，会造成制动作用迟缓现象
　　　（C）总泵推杆太长，是造成完全无制动的主要原因
　　　（D）总泵回油孔阻塞，是导致制动咬死的可能原因

（　　）21. 下列何种原因，可能造成制动拖曳（drag）？
　　　（A）制动系中有空气　　　　　（B）制动总泵回油孔堵塞
　　　（C）单向阀损坏　　　　　　　（D）制动油沸点过低

（　　）22. 以鼓式制动检修为例，制动时若制动踏板踩到底，但制动力仍不足时，可能是以下哪项原因造成的？
　　　（A）制动片的回位弹簧太软
　　　（B）制动总泵液压主缸里的活塞推杆有裂缝
　　　（C）轮胎磨损
　　　（D）制动片自动调整器没有作用

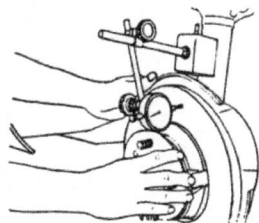

( ) 23. 使用制动油加压器来排放空气时，下列叙述哪项正确？
（A）踩放制动踏板数次后踩紧制动踏板→松开放气螺钉→无气泡流出→锁紧放气螺钉→放松制动踏板
（B）踩放制动踏板数次后踩紧制动踏板→松开放气螺钉→无气泡流出→放松制动踏板→锁紧放气螺钉
（C）松开放气螺钉→缓缓踩下制动踏板→无气泡流出→锁紧放气螺钉→放松制动踏板
（D）松开放气螺钉→无气泡流出→锁紧放气螺钉

( ) 24. 更换全新的盘式制动片后，下列步骤哪项应该最先实施才较为安全？
（A）检查制动总泵中的油面高度　　（B）调整制动间隙
（C）踩踏制动踏板数次　　　　　　（D）调整制动踏板高度

( ) 25. 踩制动踏板时，制动踏板行程有时正常，有时过大，下列哪项为可能的原因？
（A）制动片严重磨耗　　　　　（B）制动增压器不良
（C）制动比例阀不良　　　　　（D）制动总泵皮碗破损

( ) 26. 将制动增压器推杆与总泵活塞间的间隙调大时，会造成下列何种现象？
（A）制动力变大　　　　　　　（B）需较大的制动踏板踏力
（C）制动时较易偏向单边　　　（D）制动踏板自由行程变长

( ) 27. 进行右图所示的制动盘片偏摆度量测时，若量测值超出标准值甚多，则该车辆于高速行驶时，踩制动踏板时会有下列何种现象？
（A）高频异响
（B）制动踏板抖动
（C）制动踏板行程变大
（D）低频异响

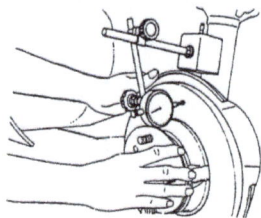

问答题

1．如何简易判断制动总泵皮碗是否不良？
2．如何简易检查制动增压器作用是否正常？
3．制动管路检查的要领是什么？
4．何时须更换制动片？
5．取出盘式制动钳夹总成泵体活塞的要领是什么？
6．造成鼓式制动部分拖曳的原因是什么？
7．若制动鼓不易卸下，可采用何种方式拆卸？
8．鼓式液压制动系制动时，车轮附近发出吱吱的声响，可能是什么原因造成的？
9．制动系以高压法排放空气的要领是什么？
10．制动片安装完成后，如何使制动片回到正确位置？
11．制动踏板踩下后高度若不合规范，其原因是什么？

12．驻车制动拉杆拉起响数若不合规范，其调整要领是什么？

二 练习题库

选择题

（　　）1．如果是某一个车轮咬死，可能的故障在什么位置？
　　　　（A）总泵　　　　　　　　　（B）制动踏板
　　　　（C）真空泵　　　　　　　　（D）分泵

（　　）2．如果全部车轮咬死其最可能的故障在什么位置？
　　　　（A）总泵　　　　　　　　　（B）分泵
　　　　（C）动力缸　　　　　　　　（D）制动片

（　　）3．当制动释放，总泵内的活塞退回至完全释放位置，此时第一皮碗位于位置？
　　　　（A）回油孔与进油孔之间　　（B）进油孔后面
　　　　（C）回油孔前面　　　　　　（D）防止门前面

（　　）4．右图 A、B、C、D 中，表示踏板高度的是什么？
　　　　（A）C　　　　　　　　　　　（B）D
　　　　（C）A　　　　　　　　　　　（D）B

调整螺母　制动灯开关
制动主缸
A　B　C　D

（　　）5．踩下制动踏板会有跳动现象，主要原因是什么？
　　　　（A）制动油太多
　　　　（B）制动鼓失圆
　　　　（C）制动油管中有空气
　　　　（D）制动片磨损

（　　）6．大型车装有真空增压器，如要放除整个制动油路中的空气时，应先放什么位置的空气？
　　　　（A）制动总泵　　　　　　　（B）真空增压器
　　　　（C）前轮分泵　　　　　　　（D）后轮分泵。

（　　）7．真空液压制动排放空气的顺序是先放什么位置的空气？
　　　　（A）前轮　　　　　　　　　（B）后轮
　　　　（C）控制门组放气嘴　　　　（D）液压缸放气嘴

（　　）8．下长坡连续使用制动，发生制动失灵，最可能的原因是什么？
　　　　（A）制动总泵皮碗发热胀死　（B）制动分泵皮碗发热胀死
　　　　（C）制动片磨损间隙变大　　（D）制动管路发生气阻

（　　）9．拆装制动油管接头时，应使用什么工具？
　　　　（A）普通开口扳手　　　　　（B）普通梅花扳手
　　　　（C）钳子　　　　　　　　　（D）油管扳手

（　　）10．盘式制动仅更换制动片（pad）后，应特别注意什么？
　　　　（A）排放空气　　　　　　　（B）踩制动踏板数次
　　　　（C）调整轮制动间隙　　　　（D）调整制动踏板作用高度

（　）11. 右图是实施驻车制动的何项操作？

　　　　（A）驻车制动调整

　　　　（B）制动踏板行程的调整

　　　　（C）制动盘的检查

　　　　（D）变速器控制线调整

调节点
锁止螺母
推杆

（　）12. 右图是实施制动圆盘的何项操作？

　　　　（A）制动圆盘直径的测量

　　　　（B）制动圆盘厚度的测量

　　　　（C）制动片厚度的测量

　　　　（D）制动圆盘偏摆量的测量

调节点
锁止螺母
推杆

（　）13. 右图是实施制动系的何项操作？

　　　　（A）制动片的拆装

　　　　（B）制动油管的拆装

　　　　（C）制动圆盘的拆装

　　　　（D）制动油路排放空气

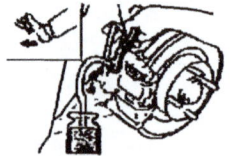

（　）14. 右图是对盘式制动圆盘的何项操作？

　　　　（A）制动圆盘厚度检查

　　　　（B）制动片检查

　　　　（C）制动圆盘偏摆度检查

　　　　（D）制动圆盘转动面裂痕检查

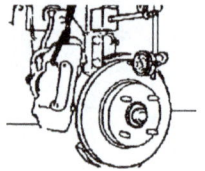

（　）15. 右图是对制动鼓的何项操作？

　　　　（A）制动鼓是否有沟槽或裂痕

　　　　（B）制动鼓内径检查

　　　　（C）制动分泵检查

　　　　（D）制动鼓外径检查

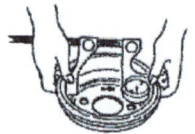

（　）16. 制动油制造的原料是什么？

　　　　（A）煤油　　　　　　　　　（B）蒸馏水

　　　　（C）稀硫酸　　　　　　　　（D）蓖麻子油及酒精

（　）17. 真空制动器橡皮材质的零件应用什么清洗？

　　　　（A）煤油　　　　　　　　　（B）机油

　　　　（C）汽油　　　　　　　　　（D）酒精

（　）18. 在检查车辆驻车制动的作用行程时，拉起驻车制动拉杆的力量，一般约为多少？

　　　　（A）1 kgf　　　　　　　　　（B）10 kgf

　　　　（C）100 kgf　　　　　　　　（D）200 kgf

（　）19. 制动油量警告灯的开关装置于何处？

　　　　（A）制动总泵上　　　　　　（B）制动分泵上

　　　　（C）制动踏板上　　　　　　（D）与制动灯电路串联

（　　）20. 盘式液压制动系中，制动片和制动圆盘的间隙调整，是靠什么部件进行的？
　　（A）制动踏板的回位弹簧　　　　（B）总泵内主弹簧
　　（C）总泵内制动皮碗弹力　　　　（D）分泵活塞的油封回弹力

（　　）21. 突然踩制动踏板时，汽车有偏向一边的趋势，造成此现象的原因较可能是什么？
　　（A）前束不良　　　　　　　　　（B）不平均的转向半径
　　（C）不均匀的制动力　　　　　　（D）不良的后桥

（　　）22. 使用盘式液压制动的汽车若制动片磨损，则制动片与制动圆盘的间隙如何变化？
　　（A）变大　　　　　　　　　　　（B）变小
　　（C）不变　　　　　　　　　　　（D）视车种而定

（　　）23. 检视单一轮制动片组，其中一片磨损特别厉害的原因是什么？
　　（A）制动鼓不圆　　　　　　　　（B）自动等刹紧作用
　　（C）材料不良　　　　　　　　　（D）间隙调整不良

（　　）24. 液压制动系的总泵活塞与推杆之间若无间隙会发生什么？
　　（A）制动咬住　　　　　　　　　（B）制动踏板反弹
　　（C）没有制动　　　　　　　　　（D）制动单边

（　　）25. 后轮制动片若沾有黄油，其可能的故障是什么？
　　（A）制动分泵皮碗漏油　　　　　（B）制动油管破裂
　　（C）后轮无制动油　　　　　　　（D）后轮油封失效

（　　）26. 制动踏板放松后，车轮仍被制动片咬住不放，其可能的故障是什么？
　　（A）总泵空气不通　　　　　　　（B）总泵回油孔阻塞
　　（C）总泵进油孔阻塞　　　　　　（D）防止门失效

（　　）27. 制动分泵中的皮碗容易翻转，其最可能的原因是什么？
　　（A）油路内有空气　　　　　　　（B）制动力量太大
　　（C）回位弹簧折断　　　　　　　（D）制动油过多

第 5 章
悬架系检修

Chapter
5

本章学习重点

悬架系检修的主要项目有：
1. 前悬架弹簧及减振器拆装与检查。
2. 前悬架张力杆、平衡杆及下连接臂拆装与检查。
3. 螺旋弹簧式后悬架机构拆装与检查。
4. 钢板弹簧式后悬架机构拆装与检查。

5.1　前悬架弹簧及减振器拆装与检查

相关知识

图 5-1 为前悬架组件图，悬架系用以支持车重，并缓和、吸收路面不平而造成车轮的上、下振动，防止振动传给车身，使人乘坐舒适，由于抑制车轮的振动，可改善行车安全性。悬架系与行车安全与乘坐舒适有很大关系，必须定期（约每 10 000 km）检查各组件有无损坏、破裂或磨耗等。

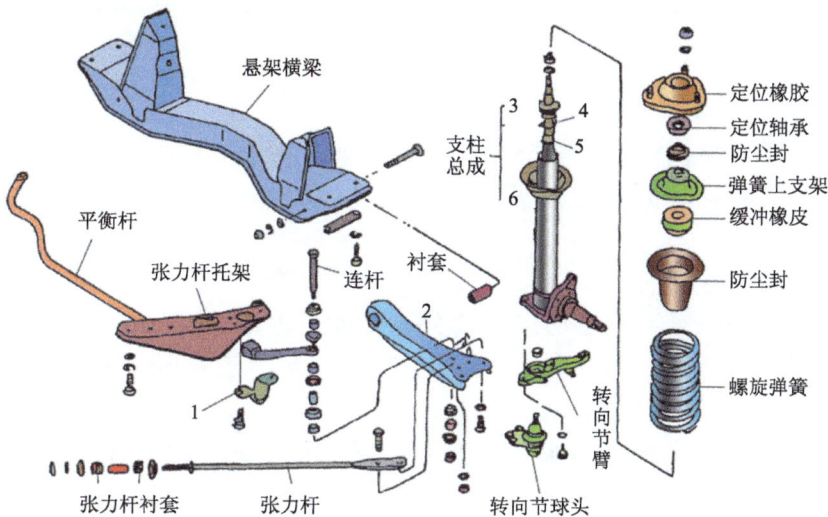

图 5-1　前悬架组件图

1—平衡杆托架；2—下连接臂；3—芯子压盖；4—O 形环；5—减振器；6—支柱小总成

理想的悬架系应能快速吸收路面传来的振动，且能够慢慢地恢复正常状态，因而太硬或太软的悬架作用都不适宜，太硬的悬架无法有效吸收振动；太软则车辆上、下摆动幅度太大，遇到大路面不平时甚至撞击底盘造成损害，会从底盘传出嗒嗒的撞击声时，表示悬架系无法正常作用，尤其可能是减振器损坏了。

检查减振器是否损坏，除检查减振器是否漏油外，也可用力压车身四个角落，观察车身回弹的情况；如果车身回弹时摇摆不定，无法快速到达定位停止或下压所需力量与其他角落不同时，表示减振器已损坏。

如果前悬架弹簧损坏或扭曲，导致车辆向左或向右拉动；球接头缺乏油脂或破损、减振器不良或螺旋弹簧断裂等，因而产生异响时，皆须进行悬架系检查与维修。

技能项目 ⚙

实习名称	前悬架弹簧及减振器拆装与检查	实习目标	（1）熟练前悬架弹簧及减振器拆装技巧。 （2）熟练前悬架弹簧及减振器检查要领
使用器材	一般手工具、套筒组、实习车辆、油管扳手、扭力扳手、特殊器具（夹持配件、弹簧压缩器）	技能鉴定	维修操作第1题的第（1）小题（见附录A）：更换指定前减振器总成

🧰 操作步骤

Step 1　拆卸弹簧及减振器

（1）根据顶车要领将车辆前部顶起，并将前轮拆下。

（2）拆下制动油管固定在减振器支柱上的固定螺钉，并将制动油管及盘式制动总成拆下。

（3）拆下减振器支柱总成连接于转向节的固定螺钉。

（4）步骤（1）～（3）更详细的部分请参阅厂家手册。

（5）如图5-2所示，利用铁棒将下连接臂压下，使减振器支柱底部与转向节臂分离。

（6）利用千斤顶支撑减振器支柱总成，然后拆下减振器支柱上端固定螺母，取出减振器支柱及弹簧总成。

（7）如图5-3所示，利用支柱外壳附件，将减振器支柱与弹簧总成固定在台虎钳上，并用弹簧压缩器将弹簧压缩到支柱缓冲橡皮能用手转动为止。使用弹簧压缩器时须特别注意，至少要钩住弹簧3圈以上，以防脱落。

🔺图5-2　用棒将减振器支柱与转向节臂分离

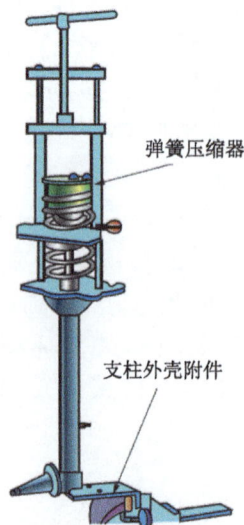

🔺图5-3　弹簧压缩器至少要钩住弹簧3圈以上

　　（8）如图 5-4 所示，拆下活塞销顶上的锁住螺母，取下定位橡胶、支柱定位轴承、防尘套、弹簧座、弹簧缓冲橡胶及减振器总成。

Step 2　检查弹簧及减振器

　　（1）检查减振器外壳有无变形、裂纹及漏油现象；必要时，更换减振器。

　　（2）检查各橡胶是否有破裂、变形或损坏等情形，若有则予以更换。

　　（3）检查减振器支柱的止推轴承有无杂音，或在轴向上是否有过度的振动，若有则予以更换。

Step 3　安装弹簧及减振器

　　安装时，根据规范扭力及拆卸的相反顺序进行，并注意下列事项：

　　（1）安装完成后，须做车轮定位。

　　（2）为避免上弹簧座与弹簧压缩器间的干扰，弹簧压缩器应从弹簧下方 3 圈予以压缩，再将弹簧装配在支柱上。

　　（3）减振器支柱的止推轴承的安装方向应正确。

　　（4）如图 5-5 所示，安装弹簧时应确实安装在上、下弹簧座的定位上。

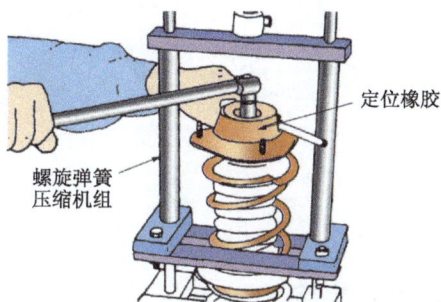

▲图 5-4　拆下定位橡胶

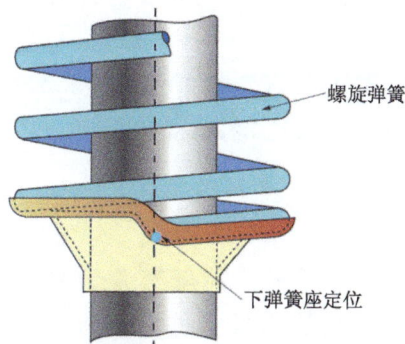

▲图 5-5　确实安装弹簧在上、下弹簧座的定位上

　　（5）如图 5-6 所示，定位橡胶与支柱上的对准记号须对正。

　　（6）如图 5-7 所示，在转向节臂与支柱底部接触部分，涂加适当的密封材料，以防支柱生锈。

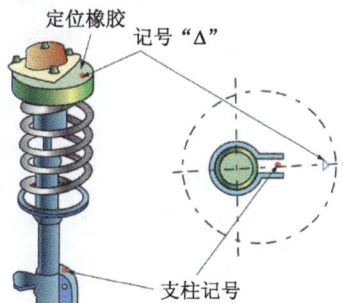

▲图 5-6　对正定位橡胶与支柱上的记号

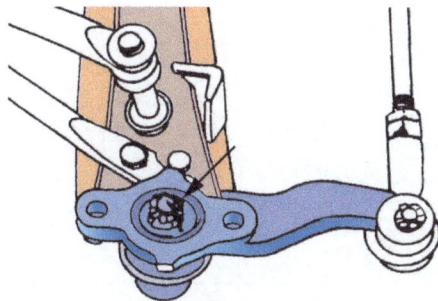

▲图 5-7　涂密封剂的部位（如箭头所示）

　　（7）锁紧悬架系的橡胶零件时，必须在悬架系承载车重负荷时进行。

技能鉴定 ⚙

维修操作第1题的第（1）小题：更换指定前减振器总成

（1）试题说明、评审要点、评审表等可参阅附录 A。

（2）测试表：

工 作 项 目	检查结果（应检人填写）		评审结果（监评人员填写）		
	规范值	测量值	合格	不合格	备注
更换指定前减振器总成（指定1轮＿＿＿＿轮）	×	×			

课堂思考

你认为弹簧须检查哪些项目？

拆下后的减振器，可以何种方式再检查其是否损坏？

5.2 前悬架张力杆、平衡杆及下连接臂拆装与检查

相关知识 ⚙

如图 5-8 所示，前悬架张力杆、平衡杆及下连接臂是悬架系重要的连杆组件，与行车舒适及安全有相当关系。如因组件松动、磨耗，导致车身高度不合规范；或因组件松动，致使车辆行驶时飘忽不定，方向不易控制；或因平衡杆松动、磨耗，导致车辆在粗糙路面或转弯时，发生摇动现象；或因张力杆等调整不当，使车辆行驶产生行驶时单边的问题。

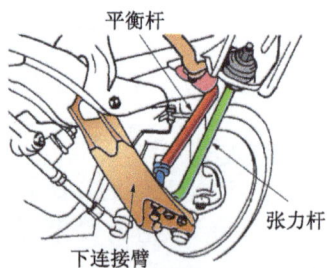

▲图 5-8 张力杆、平衡杆及下连接臂

技能项目 ⚙

实习名称	前悬架张力杆、平衡杆及下连接臂拆装与检查	实习目标	（1）熟练张力杆、平衡杆及下连接臂拆装技巧。
使用器材	一般手工具、实习车辆、钢直尺		（2）熟练张力杆、平衡杆及下连接臂检查要领

🔧 操作步骤

Step 1 拆卸张力杆

（1）根据顶车要领顶起车辆前部，并拆卸前轮及挡泥板。

（2）如图 5-8 所示，拆下张力杆固定于车身托架的螺母，并拆下张力杆固定于下连接臂的各螺栓，即可取出张力杆。

Step 2　拆卸平衡杆

利用两支扳手拆下平衡杆固定在连杆上的螺母，再拆下车身托架上的固定螺栓与螺母，即可取出平衡杆。

Step 3　拆卸下连接臂

（1）将转向节臂从减振器支柱上拆开。

（2）如图 5-9 所示，利用球接头拆卸器拆下球接头，使之与转向节臂分离。

（3）如图 5-10 所示，拆下连接下连接臂至悬架横架上的螺栓，取出下连接臂。

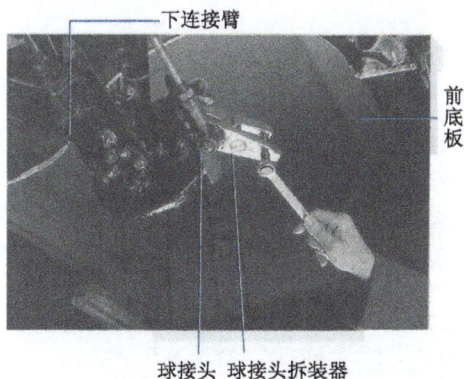

△图 5-9　转向节臂与球接头分离

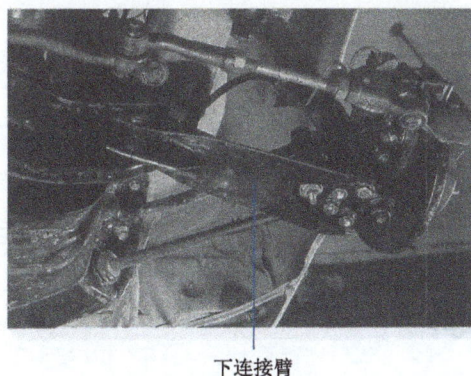

△图 5-10　拆卸下连接臂

Step 4　检查张力杆、平衡杆及下连接臂

（1）检查张力杆、平衡杆及下连接臂是否变形、破裂或损坏，如有应予以更换。

（2）检查橡胶衬套有无变质、破裂或过度磨损，如有须更换；且衬套的配合表面须清洁且无机油或黄油，若为便利安装，可稍加肥皂水于衬套，以利安装。

（3）如图 5-11 所示，球接头不可分解，可将螺母旋回球接头桩上，以扭力扳手检查螺桩的转动扭力，若超过规格须更换。

（4）球接头防尘套若损坏、破裂，须更换球接头；必须以规范的多用途黄油润滑球接头；润滑时，从黄油嘴泵入黄油，直到旧黄油完全压出（即新黄油冒出）为止。

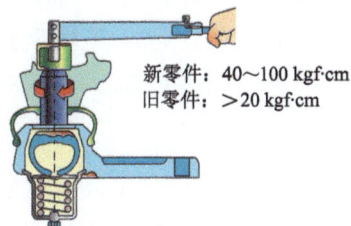

新零件：40～100 kgf·cm
旧零件：>20 kgf·cm

△图 5-11　检查球接头转动扭力

Step 5　安装张力杆、平衡杆及下连接臂

安装时，根据规范扭力及拆卸时的相反顺序进行，并注意下列事项：

（1）如图 5-12 所示，下连接臂衬套更换时，以压床嵌入衬套，直到衬套的端面与下连接臂环对齐为止。

（2）如图 5-13 所示，平衡杆须位于中央，不能偏向任何一侧；若平衡杆为新品，须将白漆标记朝向车辆的左侧。

（3）须注意张力杆的衬套方向，并使衬套正确位于衬套垫圈的中心。

（4）安装后，张力杆与平衡杆间的最小间隙，在左、右两侧应相等。

▲图 5-12　安装下连接臂衬套

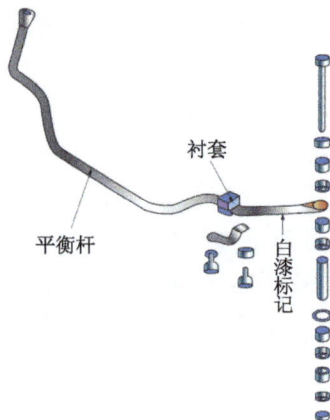

▲图 5-13　安装平衡杆

课堂思考

为何连杆衬套的配合表面须清洁且无机油或黄油？

5.3　螺旋弹簧式后悬架机构拆装与检查

相关知识

　　如图 5-14 所示，螺旋弹簧式后悬架机构主要构件有减振器、螺旋弹簧、下连杆等。若弹簧弹力不均，则可能造成汽车斜走，因而应检查弹簧的自由长度及弹力；或弹簧软陷，造成车轮碰撞路面障碍物时，转向盘产生激烈摆动，或转弯时造成车辆颠簸；或因减振器、弹簧不良，造成乘坐不舒适或有异响等。

▲图 5-14　螺旋弹簧式后悬架机构

技能项目 ⚙

实习名称	螺旋弹簧式后悬架机构拆装与检查	实习目标	（1）熟练螺旋弹簧式后悬架机构拆装技巧。
使用器材	一般手工具、套筒组、实习车辆、扭力扳手		（2）熟练螺旋弹簧式后悬架机构检查要领

🛠 操作步骤

Step 1　拆卸后悬架构件

（1）根据顶车要领，用千斤顶顶起车辆并支持在差速器托架下方，使悬架系不受负载，并拆下后轮。

（2）拆下固定在车身盖板上的减振器上端的螺母。

（3）如图 5-15 所示，拆下固定在托架上的减振器下端的螺母，并将减振器向上压缩，使其脱离托架的凸出部后，取出减振器。

（4）缓慢降下千斤顶，待螺旋弹簧完全自由伸展后，取下弹簧。

（5）拆下连杆各端螺栓，取下上或下连杆。若拆卸两件以上连杆总成时，应先拆卸车轴总成。

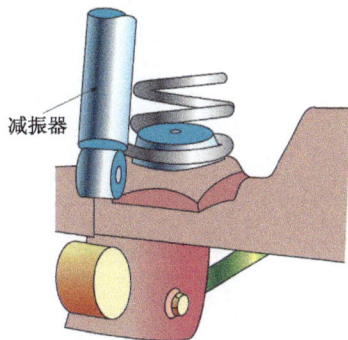

△图 5-15　拆卸减振器

Step 2　检查后悬架构件

（1）检查减振器有无裂缝、漏油及其活塞杆的直度。

（2）检查橡胶零件，有无磨耗、破裂、损坏或变形等；若有则予以更换。

（3）检查螺旋弹簧有无变形、破裂等损坏情形；若有则予以更换。

Step 3　安装后悬架构件

安装时，根据规范扭力及拆卸的相反顺序进行，并注意下列事项：

（1）安装完成后，须做车轮定位。

（2）上、下连杆的固定螺栓长度不同，不可混用。

（3）不可用铁锤直接敲击衬套端面，避免造成螺栓的松动，且衬套不可涂加矿物油等。

（4）螺旋弹簧的开口端应与弹簧座正确配合。

（5）不可分解或加热充气型的减振器。

（6）根据规范扭力旋紧减振器上端螺母到活塞杆的螺钉末端为止。

课堂思考

基于何种理由，弹簧须左、右侧同时更换？

5.4 钢板弹簧式后悬架机构拆装与检查

相关知识 ⚙

如图 5-16 所示，钢板弹簧式后悬架机构主要构件有钢板弹簧、吊耳、弹簧衬套及减振器等。而钢板弹簧摩擦太大、减振器作用不良等都会造成乘坐不舒适；若弹簧 U 形螺栓、回弹夹、吊耳及连杆等组件松动，或弹簧衬套太紧或干涸时，会产生异响。

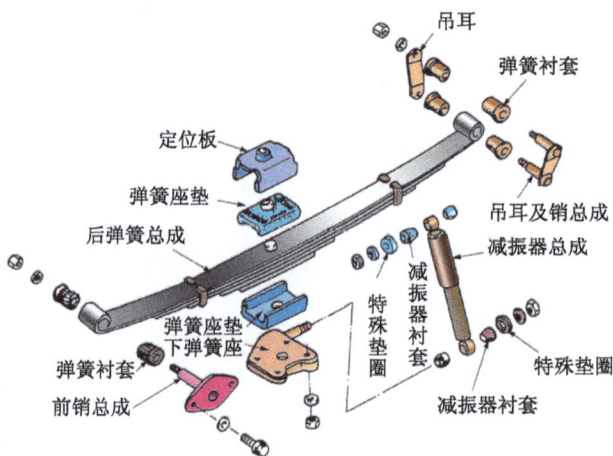

图 5-16 钢板弹簧式后悬架机构

钢板弹簧折断也是常见故障之一，其可能原因如下：

（1）过量超载。

（2）U 形螺栓或中央螺栓松动，因而钢板弹簧在中央螺栓附近断裂。

（3）减振器不良，导致主弹簧断裂。

（4）吊耳太紧，导致钢板弹簧于主弹簧眼附近断裂。

技能项目 ⚙

实习名称	钢板弹簧式后悬架机构拆装与检查	实习目标	（1）熟练钢板弹簧式后悬架机构拆装技巧。
使用器材	一般手工具、套筒组、实习车辆、钢直尺、扭力扳手		（2）熟练钢板弹簧式后悬架机构检查要领

🔧 操作步骤

Step 1 拆卸减振器与钢板弹簧

（1）根据顶车要领，用千斤顶顶起车辆并支持在车辆后部的车身大梁上，并拆卸后轮。

（2）如图 5-17 所示，拆卸减振器上、下端的固定螺母，取下减振器。

（3）如图 5-18 所示，拆卸 U 形螺栓。

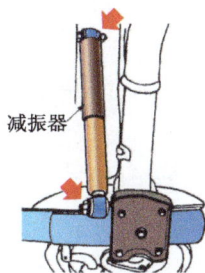

图 5-17　拆卸减振器

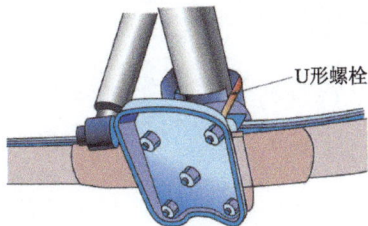

图 5-18　拆卸 U 形螺栓

（4）如图 5-19 所示，以千斤顶顶起后桥壳，使后桥壳从钢板弹簧上浮起，并拆开钢板弹簧吊耳。

（5）如图 5-20 所示，拆下钢板弹簧销，再拆下钢板弹簧与车身固定的螺钉，取出钢板弹簧。

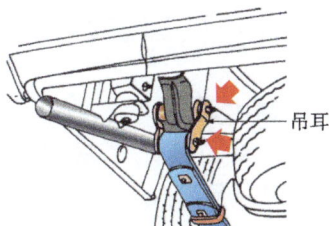

图 5-19　拆卸吊耳

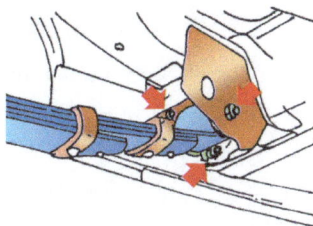

图 5-20　拆卸钢板弹簧销及固定螺钉

Step 2　检查减振器与钢板弹簧总成

（1）检查减振器有无漏油或破裂；若有须更换。

（2）检查橡胶衬套有无变形、破裂或损坏；若有必要，须更换新品。

（3）检查钢板弹簧有无断裂或破损；若有须更换。

（4）检查弹簧销、吊耳、吊耳销、U 形螺栓及弹簧座等，有无磨耗、断裂或螺纹损坏等；若有不良，应立即更换。

（5）如图 5-21 所示，检查钢板弹簧不受负载时的自由弯曲量（S），应符合规范。

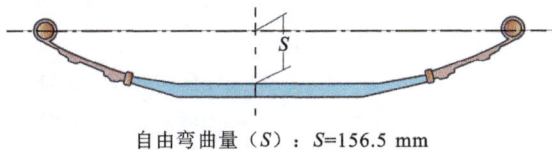

自由弯曲量（S）：$S=156.5$ mm

图 5-21　检查钢板弹簧不受负载时的自由弯曲量

Step 3　安装减振器与钢板弹簧

安装时，根据规范扭力及拆卸的相反顺序进行，并注意下列事项：

（1）旋紧减振器上、下端固定螺母及弹簧销、吊耳时，车辆质量须作用在两后轮上，使弹簧橡胶衬套能固定在中立位置。

（2）装配弹簧之前，在弹簧销、吊耳及弹簧橡胶衬套外部涂敷肥皂水，以利安装；但不可涂加机油或黄油，以免缩短其使用寿命。

> **课堂思考**
>
> 钢板弹簧断裂时，如何从外观上得知？

综 合 测 验

一 实力测验

是非题

（　　）1. 悬架系必须有减振器，但可以不装弹簧。

（　　）2. 减振器不良时会使转向盘控制不易。

（　　）3. 钢板弹簧的中心螺钉如断损，该轮轴会产生移位。

（　　）4. 右侧底盘弹簧较低时，则转向盘会往左边拉。

（　　）5. 钢板弹簧是用 U 形螺钉固定在车轴的固定板上的。

（　　）6. 钢板断裂在中心孔处及中心螺钉折断的主要原因是 U 形螺钉没有锁紧。

（　　）7. 控制臂的一端连接于车架上，另一端与转向节连接。

（　　）8. 钢板弹簧的厚度是两端厚而中央薄。

（　　）9. 润滑球接头时，将黄油从黄油嘴泵入，直到旧黄油完全压出（即新黄油冒出）为止。

（　　）10. 装配钢板弹簧前，可先在弹簧销、吊耳及弹簧橡胶衬套外部涂敷机油或黄油，以利安装。

选择题

（　　）1. 前钢板弹性较软，后钢板弹性良好，会产生什么现象？
　　　　　（A）转向过重　　　　　　　　（B）制动单边
　　　　　（C）车辆摆头　　　　　　　　（D）行驶跳动

（　　）2. 钢板吊钩加注黄油，主要是保养什么？
　　　　　（A）钢板本身　　　　　　　　（B）吊钩本身
　　　　　（C）吊钩中心销与钢板铜套　　（D）以上皆非

（　　）3. 钢板总成自第一片至最末一片，若拆散后会发生什么？
　　　　　（A）每前一片钢板比较次一片的弯曲程度小些
　　　　　（B）每前一片钢板比较次一片的弯曲程度大些
　　　　　（C）弯曲程度是一样的
　　　　　（D）以上皆非

（　　）4. 钢板弹簧与后桥壳的固定是靠什么部件进行的？

　　　　(A) 中心螺钉　　　　　　　　(B) 钢板销
　　　　(C) U 形螺钉　　　　　　　　(D) 弹簧

(　　) 5. 较易导致汽车钢板弹簧断裂的原因是什么？
　　　　(A) 润滑不良　　　　　　　　(B) 超载
　　　　(C) 减振器过紧　　　　　　　(D) 弹簧 U 形螺钉松动

(　　) 6. 前钢板中心螺钉及 U 形螺钉松动，则会发生什么呢？
　　　　(A) 中心螺钉容易折断　　　　(B) 后倾角容易改变
　　　　(C) 转向节容易折断　　　　　(D) 减振器易扭断

(　　) 7. 下列有关汽车悬架系减振器的叙述，哪项不正确？
　　　　(A) 减振器一般装在车架与车轴之间
　　　　(B) 减振器的功用是用以抵消并缓冲弹簧回弹的力量，减少车辆上下跳动
　　　　(C) 减振器漏油时，减振弹簧会变得更软
　　　　(D) 可利用压动车身以观察其振动次数来判断减振器的好坏

(　　) 8. 以手压动车身一角后放开，观察车身回弹次数的方式，是为了检查下列何种零件？
　　　　(A) 悬架弹簧　　　　　　　　(B) 减振器
　　　　(C) 球接头　　　　　　　　　(D) 平衡杆

(　　) 9. 右图所示为弹簧压缩器，下列哪一种情况下必须使用它？
　　　　(A) 拆卸下连接臂球接头时
　　　　(B) 悬架支柱总成从车身拆下时
　　　　(C) 螺旋弹簧与减振器分解开时
　　　　(D) 分解减振器内部活塞时

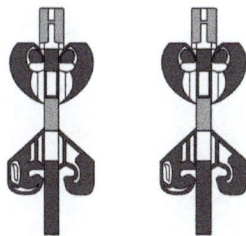

问答题

1. 前悬架弹簧及减振器的简易检查要领是什么？
2. 球接头若须润滑，其要领是什么？
3. 螺旋弹簧式后悬架，若两侧弹簧弹力不均，可能会出现何种状况？
4. 钢板弹簧断折的可能原因是什么？

二 练习题库

选择题

(　　) 1. 在钢板吊耳加注黄油的主要目的是什么？
　　　　(A) 增加钢板弹力　　　　　　(B) 减少钢板磨损
　　　　(C) 保护吊耳中心销与钢板铜套　(D) 防止吊耳锈蚀

(　　) 2. 下图中对减振器实施的是下列何种操作？
　　　　(A) 分解减振器
　　　　(B) 调整减振器

（C）组合减振器

（D）检查驱动轴

（ ） 3. 钢板弹簧的悬架系中，哪一片钢板上有锁孔以便装置吊架及吊耳锁？

（A）第一片 （B）第二片

（C）第三片 （D）第四片

（ ） 4. 以手压动车身后放开，若车身回弹3次以上，下列何种零件较可能发生故障？

（A）悬架弹簧 （B）减振器

（C）平衡杆 （D）轮轴轴承

（ ） 5. 钢板弹簧各片均有反翘，其反翘程度如何？

（A）各片的反翘均相等 （B）愈短的反翘愈大

（C）愈长的反翘愈大 （D）中间的反翘最大

（ ） 6. 钢板弹簧两边薄中间厚其主要考量原因是什么？

（A）使中心螺钉易于固定 （B）弯曲力矩大小不同

（C）方便安装吊耳 （D）配合减振器

（ ） 7. 前悬架系球接头的磨损检查方法是，先顶起车辆前端，然后进行何种操作？

（A）上下方向摇动车轮 （B）左右方向摇动车轮

（C）转动车轮 （D）摇动车身

（ ） 8. 检查鸡胸骨臂式悬架装置是否松动时，应将千斤顶置于什么位置？

（A）车轴下方 （B）平衡杆下方

（C）下控制臂下方 （D）车架大梁下方

第 6 章
转向系检修

Chapter
6

本章学习重点

转向系检修的主要项目有:

1. 转向盘拆装与游隙检查。
2. 齿轮齿条式动力转向机及转向柱总成拆装与检查。
3. 转向连杆各部间隙检查。
4. 齿轮齿条式动力转向机总成拆装前的检查。
5. 齿轮齿条式动力转向机总成拆装与检查。

6.1 转向盘拆装与游隙检查

相关知识

现今车辆大多采用动力转向系，操作力较小，转向盘外围直径就随之较小，因而在操作上更加快速；再者，有些转向盘可借由倾斜分离杆的操作，调整转向盘倾斜度，以配合驾驶人的体型，如图 6-1 所示。

如图 6-2 所示，转向盘游隙是指前轮位置不变（即未转动）时，转向盘转动的距离（或角度），应合乎规范（约 35 mm 以内）。若游隙太大，则转向不灵活；若游隙太小，则转向太敏感，会有行车方向不安定的现象。

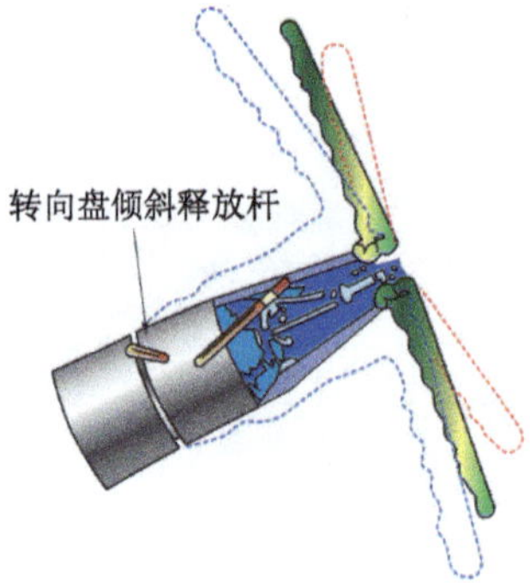

转向盘倾斜释放杆

▲图 6-1 可调整倾斜度的转向盘

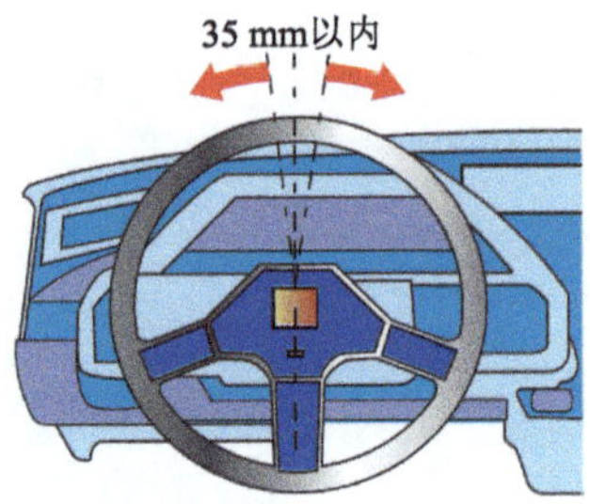

35 mm 以内

▲图 6-2 转向盘游隙

造成游隙不合规范的原因如下：

（1）转向系各连杆磨损或调整不当。

（2）球接头磨损。

（3）转向齿轮的间隙太大。

车辆行驶中，发生转向盘振动、抖动或摆动时，其可能原因如下：

（1）动力转向机总成安装不当。

（2）转向连杆组磨损。

（3）惰臂损坏。

（4）转向柱轴承磨损等。

（5）球接头磨损。

（6）车轮平衡或定位不佳。

（7）轮胎磨耗或压力不均，或车轮螺母未旋紧。

（8）前轮轴承调整不当。

技能项目 ⚙️

实习名称	转向盘拆装与游隙检查	实习目标	（1）熟练转向盘拆装技巧。
使用器材	一般手工具、套筒组、扭力扳手、实习车辆、拉拔器、钢直尺		（2）熟练转向盘游隙检查要领

🚗 操作步骤

Step 1　拆卸转向盘

（1）拆卸蓄电池搭铁线。

（2）如图 6-3（a）所示，由转向盘前方拆卸喇叭按钮；或如图 6-3（b）所示，由转向盘后侧拆下螺栓后，拆卸喇叭按钮。

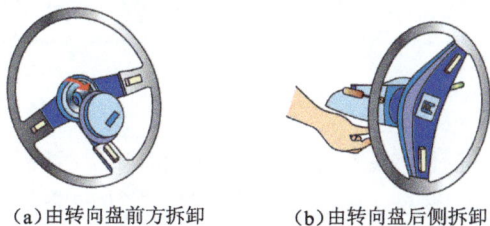

（a）由转向盘前方拆卸　　　（b）由转向盘后侧拆卸

⚠图 6-3　拆卸喇叭按钮

（3）拆卸转向盘螺母，如图 6-4 所示，利用拉拔器拉出转向盘，不可用铁锤等敲打转向柱轴末端，以免损坏轴承或缓冲装置。

Step 2　安装转向盘

安装时，应根据规范扭力及拆卸的相反顺序进行，并注意下列事项：

（1）在滑动部分，涂加黄油。

（2）如图 6-5 所示，安装转向盘时，须把前轮置于正前位置，并使转向盘与转向柱的配合记号相对正。

拉拔器

⚠图 6-4　拆卸转向盘螺母

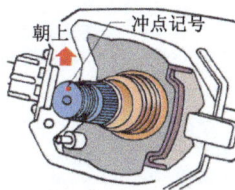

朝上　　冲点记号

⚠图 6-5　对正配合记号

（3）安装完成后，左右转动转向盘，检查有无阻滞或拖曳现象。

（4）检查喇叭作用是否正常。

Step 3　检查转向盘游隙

（1）根据顶车要领，顶起前轮。

（2）将转向盘向左打到底，计算转向盘由最左打到最右的回转圈数，再将转向盘打回一半圈数的位置，此时转向盘横幅应在水平位置；若不合规定，须进行调整。

（3）放下车辆，车轮朝正前方向。

（4）检查转向盘游隙，应合乎规范；若不合规范，须检查转向系各机件及动力转向机预负荷。

参考规范：①齿轮齿条式游隙为 10 mm 以内；

②循环滚珠式游隙为 20 ～ 30 mm。

课堂思考

车辆直行时，转向盘横幅不在水平位置，其可能原因是什么？

6.2 齿轮齿条式动力转向机及转向柱总成拆装与检查

相关知识

如图 6-6 所示，转向柱在长度与角度上制成可溃式，当撞击力超过规定时，转向柱能自动溃缩，保护驾驶人。图 6-7 所示为齿轮齿条式转向系组件图及其各部检查要领。

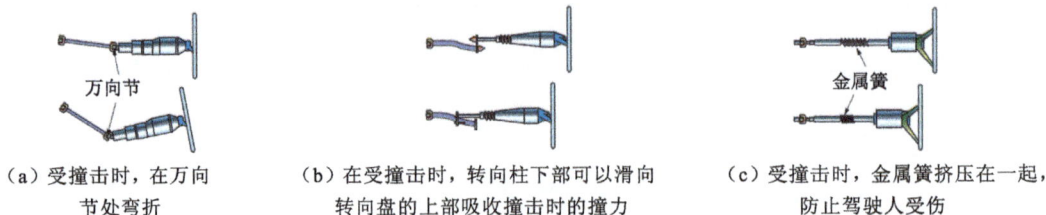

（a）受撞击时，在万向节处弯折　（b）在受撞击时，转向柱下部可以滑向转向盘的上部吸收撞击时的撞力　（c）受撞击时，金属簧挤压在一起，防止驾驶人受伤

图 6-6　可溃式转向柱

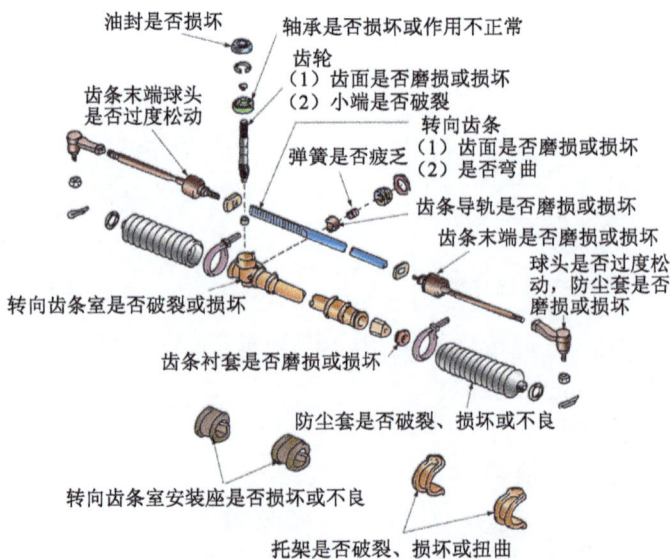

图 6-7　齿轮齿条式转向系组件图及其各部检查要领

技能项目 ⚙️

实习名称	齿轮齿条式动力转向机及转向柱总成拆装与检查	实习目标	（1）熟练齿轮齿条式动力转向机及转向柱总成拆装技巧。
使用器材	一般手工具、套筒组、实习车辆、扭力扳手、填隙片、百分表（含磁座）		（2）熟练齿轮齿条式动力转向机及转向柱总成检查要领

🔧 操作步骤

Step 1　拆卸转向盘

（1）拆开蓄电池负极柱头。

（2）如图6-8所示，以双手手指握住转向盘盖下端，将转向盘盖向自己方向拉出。

（3）如图6-9所示，拆卸转向盘固定螺母，并以拉拔器拉出转向盘。

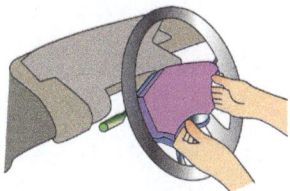

▲图6-8　拆卸转向盘盖

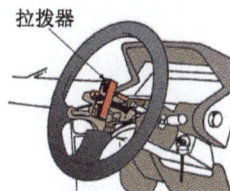

▲图6-9　拆卸转向盘

Step 2　拆卸转向柱总成

（1）拆卸转向柱下饰盖6根螺钉，取出下饰盖。

（2）拆卸仪表板下补强板，并拆开综合开关接头。

（3）如图6-10所示，拆卸转向柱端的万向接头的螺栓。

（4）如图6-11所示，拆卸转向柱总成固定在车身的螺栓及螺母，取出转向柱总成。

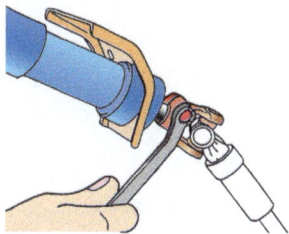

▲图6-10　拆卸转向柱螺栓

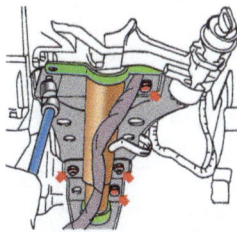

▲图6-11　拆卸转向柱总成固定在车身的螺栓及螺母

（5）从转向柱总成拆卸上饰盖及综合开关。

Step 3　拆卸动力转向机总成

（1）根据顶车要领顶起车辆前部，并拆卸前轮。

（2）拆卸动力转向机总成端的万向接头。

（3）如图6-12所示，拆卸横拉杆端接头的开口销及堡型螺母，再以球接头拆卸器将横拉杆与转向节分离。

（4）如图6-13所示，拆卸转向机总成托架固定螺栓，取出转向机总成。

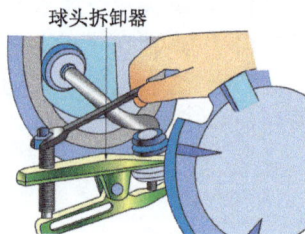

▲图6-12　将横拉杆与转向节分离

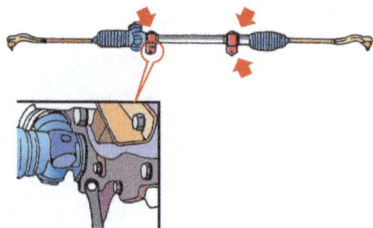

▲图6-13　拆卸托架固定螺栓

Step 4　检查动力转向机及转向柱总成

（1）检查转向柱套管是否变形或损坏；若有须更换。

（2）检查万向接头齿槽及轭是否过度松动；若有须更换。

（3）检查球接头是否过度松动，防尘套是否破裂、磨损或不良；若有上述现象，应更换。

（4）检查转向齿条防尘套是否破裂、损坏或不良；若有须更换。

Step 5　安装转向柱及动力转向机总成

安装时，依规范扭力及拆卸的相反顺序进行，并注意下列事项：

（1）安装动力转向机总成至车上时，须小心不要弄坏防尘套。

（2）如图6-14所示，锁紧万向接头固定螺栓时，万向接头与小齿轮的齿槽凸出量须维持在5 mm的距离。

（3）球接头须涂加黄油，开口销每次拆卸后都必须换新。

（4）安装转向柱时，前轮须在正前方向，且不可从轴向施以压力或敲打，以免转向柱弯曲或损坏轴承。

▲图6-14　检查万向接头与小齿轮齿槽的凸出量

（5）安装转向盘时，在滑动部分须涂加黄油，且须依原来位置或记号装回，待装妥后，左右转动转向盘，检查有无阻滞现象。

（6）安装完成后，须检查转向盘游隙，及前束调整。

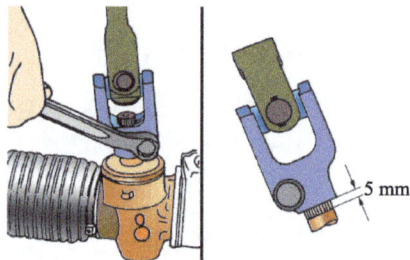

6.3　转向连杆各部间隙检查

相关知识

如图6-15所示，转向连杆组件主要包括转向摇臂、横拉杆、侧拉杆组、惰臂及球接头等，对各组件应定期（如每10 000 km）检查是否松动、磨耗或损坏，且为减轻保养，近来球接头已不用施打黄油保养，因其出厂时已内含润滑油脂。

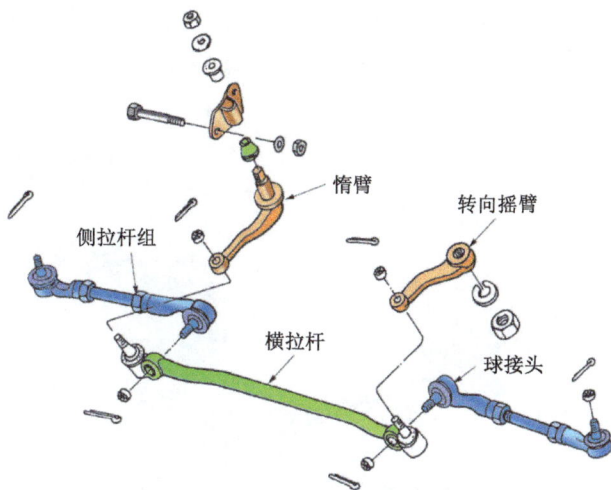

△图6-15 转向连杆组件

转向连杆组或球接头损坏、变形或缺乏润滑油脂，对转向系影响甚大，如造成车轮游隙过大，转向盘抖动、振动或摆动，车辆向左或向右拉动及转向盘僵硬或沉重等故障。

技能项目

实习名称	转向连杆各部间隙检查	实习目标	熟练转向连杆组间隙检查要领
使用器材	一般手工具、套筒组、实习车辆、扭力扳手、球接头拆卸器、开口销		

操作步骤

Step 1 依顶车要领将车辆前部顶起

Step 2 检查前轮毂间隙

如图6-16所示，以双手握住前轮上、下端，并向内或向外摇晃检查；若有明显松动现象，须按规范扭力将所有螺栓、螺母旋紧或更换已磨耗的零件。

△图6-16 检查前轮毂间隙

Step 3　检查螺母及开口销等

如图6-17所示，检查螺母及开口销等有无松动、破损及其旋紧扭力，若有，须进一步检查球接头螺栓或惰臂、转向连杆等的锥拔部分有无磨损；必要时，予以更换。

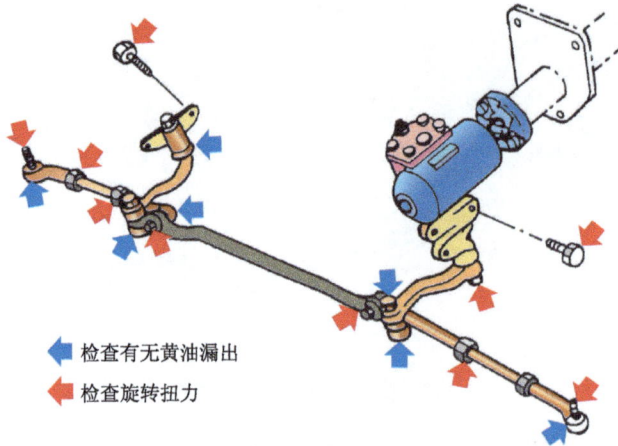

← 检查有无黄油漏出
← 检查旋转扭力

▲图6-17　检查螺母及开口销等有无松动破损

Step 4　检查球接头

（1）检查球接头防尘套是否破裂、变形或漏油。

（2）检查球接头螺栓是否磨损。如图6-18所示，以手抓两前轮，同时向外推出两前轮，之后同时拉两前轮向内，检查连杆间是否松动；若两前轮相对移动量太大，表示球接头磨损或调整不良，可以规范扭力锁紧各部螺钉，若再次检查仍松动时，须拆下球接头或转向连杆检修或更换。

▲图6-18　检查转向连杆组是否松动

Step 5　检查惰臂总成

检查惰臂的橡胶衬套有无破损、磨耗及游隙的产生；若有须更换。

Step 6　检查横拉杆及侧拉杆

检查横拉杆及侧拉杆有无弯曲、破损或裂开；如必要时，须更换新品。

课堂思考

高速行驶中的车辆，若其转向盘发生抖动现象，其可能的原因是什么？

6.4 齿轮齿条式动力转向机总成拆装前的检查

相关知识

动力转向机在拆修前，须先进行下列的检查：

❶ 油量检查

油容量（含油泵、油管及动力转向机总成）约 1.0 L。

❷ 油泵传送带紧度

（1）检查传送带是否磨损、破裂，必要时更换。

（2）以 10 kgf 的力推压传送带，传送带压下 8 ～ 12 mm。

❸ 转向盘扭力检查

把转向盘从直前方向旋转 1 圈（360°）后，转向盘外缘的拉动拉力应为 3 kgf 左右。

❹ 液压油泄漏检查

检查小齿轮壳、带盘、后壳与后盖、低压油管、齿条两侧末端、接头处、泵体及后盖等是否漏油。

❺ 液压系统的测试

（1）测试时，切勿将转向盘固定在极左与极右处超过 15 s，否则油温不正常升高，导致动力转向机和油泵的磨耗。

（2）慢车时的正常油压为 53 ～ 59 kgf/cm^2。

技能项目

实习名称	齿轮齿条式动力转向机总成拆装前的检查	实习目标	熟练动力转向机总成拆装前的检查要领
使用器材	一般手工具、套筒组、实训车、自动变速器油、扭力扳手、传送带紧度量具、弹簧秤、压力表组	技能鉴定	定期保养第 11 题（见附录 A）：检查发动机室各项油类（机油、ATF、制动油、动力转向机油）

操作步骤

Step 1 检查油量

（1）如图 6-19 所示，若油温在 60 ~ 80℃ 时，量油尺油面高度应在 HOT 的范围；若油温在 30℃ 以下时，量油尺油面高度应在 COOL 的范围。

油温在30 ℃以下时，油面高度应在此范围　　油温在60~80 ℃时，油面高度应在此范围

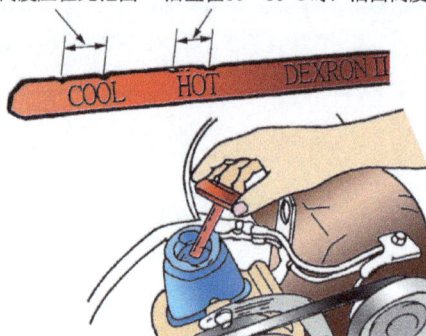

图 6-19　检查油量

（2）油量不足时，须添加 Dexron 的自动变速器油。

Step 2 检查漏油

（1）起动发动机以怠速运转，使油温上升至 60 ~ 80 ℃ 的工作温度。

（2）将转向盘向右或向左打到底，最多不得超过 15 s，以免油温太高，导致油泵与齿轮过度负荷而磨耗。

（3）如图 6-20 所示，检查小齿轮壳、后壳与后盖、齿条左右两端、泵体、带盘、低压管、油管接头等处是否漏油。

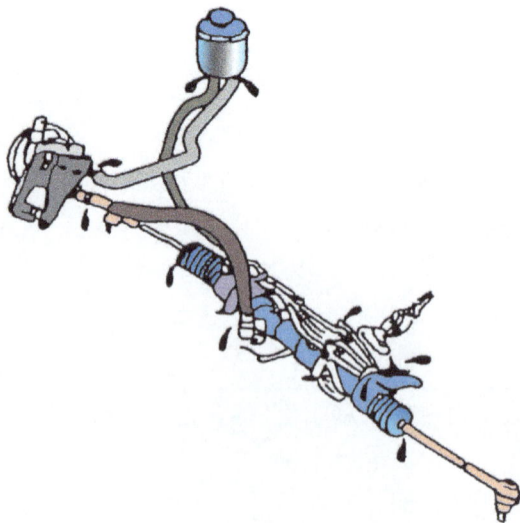

图 6-20　检查转向系是否漏油

（4）接头处漏油，旋松接头螺母，再依规范扭力重新旋紧；若仍然漏油，则须维修或更换。

Step 3　检查油泵传送带

（1）检查传送带是否裂化或损坏及传送带是否正确地安装在带盘上，如图6-21（a）所示。

（2）如图 6-21（b）所示，以传送带紧度量具或大拇指施 10 kgf 力，在两传送带盘中央位置，检查传送带松紧度，应合乎规范；必要时，予以调整。

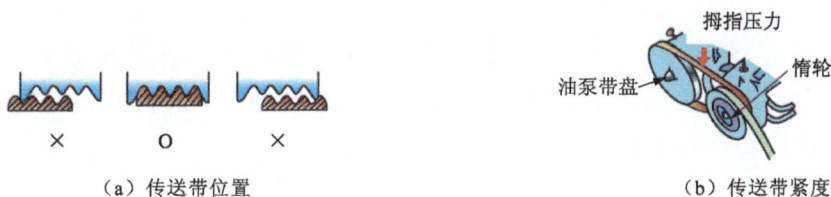

（a）传送带位置　　　（b）传送带紧度

▲图 6-21　检查油泵传送带

Step 4　转向盘始动拉力检查

（1）轮胎胎压须合乎规范。

（2）地面须水平干燥，并把驻车制动拉杆拉紧。

（3）起动发动机，将转向盘向右、向左打，以提升油温到 40～60 ℃，但不要使油泵或齿轮负荷过大，造成磨耗。

（4）如图 6-22 所示，将转向盘从中间位置旋转 1圈（360°）后，以弹簧秤勾住转向盘外缘，沿切线方向拉动，其始动拉力应合乎规范（一般在 4 kgf 以下）。

▲图 6-22　检查转向盘始动拉力

Step 5　检查油泵压力

（1）确认油面高度（油量）、油温、胎压及传送带紧度等皆合乎规范。

（2）如图 6-23 所示，发动机熄火后，将压力表组接油泵出油端及转向齿轮，并将遮断阀打开。

（3）起动发动机 3～5 s 后熄火，确认油面高度合乎规定，再起动发动机，并使油温达到工作温度，进行系统内空气的排除。

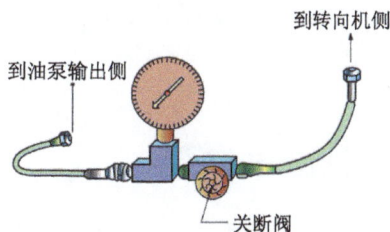

▲图 6-23　安装压力表组

（4）将转向盘向左或向右打到底，以检查最大负载时的油压，应合乎规范（慢车时的正常油压为 53～59 kgf/cm²）；把转向盘向右或向左打到底时，不可超过 15 s 以上，以免使油泵或齿轮负荷过大，造成磨耗。

（5）若油压不合规定，则慢慢关闭关断阀，但不可超过 15 s 以上，以确定动力转向机或油泵发生故障。若油压正常，表示油泵作用正常，可能是动力转向机齿轮损坏；若油压高于正常，则可能是油泵的压力释放阀损坏；若油压低于正常，则可能是油泵本身不良。

Step 6　泄放系统内空气

（1）根据顶车要领将车辆前部顶高。

（2）确认油面高度合乎规范后，左右来回打动转向盘约 10 次，再检查油面高

deg度；若有必要，添加至规定高度。

（3）起动发动机至油温达到 60 ～ 80 ℃ 时，将发动机熄火，检查油面高度；若有必要，添加至规定高度。

（4）再次起动发动机，运转 3 ～ 5 s 后，熄火检查油量；必要时，添加至规定高度。

（5）再左右来回打动转向盘约 10 次后，再检查油面高度；必要时，添加至规定高度。

（6）重复步骤（4）、（5），直到系统内空气排除。若发动机起动中，打动转向盘时，储油器有气泡产生或油泵有噪声产生（油面太低时亦会造成噪声，请勿混淆），表示有空气尚未排出。

技能鉴定

定期保养应检项目第 11 题：检查发动机室各项油品（机油、ATF、制动油、动力转向机油）

（1）试题说明、评审要点、评审表等可参阅附录一
（2）测试表：

工 作 项 目	检查结果（应检人填写）（不正常时于备注栏位填写位置或零件）				评审结果（监评人员填写）		
	规范值	测量值	正常	不正常	合格	不合格	备注
检查发动机室各项油类（机油、ATF、制动油、动力转向机油）	×	×	（　　）	（　　）			

课堂思考

为何转向盘向右或向左打到底时，不可超过 15 s？

6.5 齿轮齿条式动力转向机总成拆装与检查

相关知识

动力转向系乃利用发动机动力带动油泵（或电动）方式产生转向效能，使油泵排出油液流量，作用在动力转向齿轮动力缸活塞两侧，由于活塞两侧间的压力差，以协助小齿轮推动齿条，可减轻驾驶人操作转向盘的力量。

图 6-24 所示为齿轮齿条式动力转向机总成。在拆装过程中，油管一经拆开，即须将开口处盖住，以防外物进入油管内；且在安装或搬运转向齿轮总成时，须

108

握住动力转向齿轮，不可抓住油管施力，以免油管变形，导致油管接头处漏油。

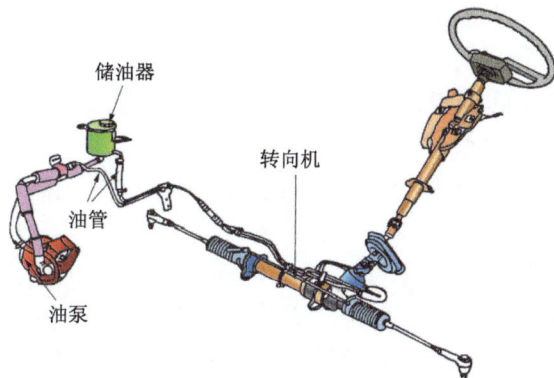

▲图 6-24　齿轮齿条式动力转向机总成

技能项目

实习名称	齿轮齿条式动力转向机总成拆装与检查	实习目标	（1）熟练动力转向机总成拆装技巧。 （2）熟练动力转向机总成检查
使用器材	一般手工具、套筒组、实习车辆、自动变速器油、油管扳手、球接头拆卸器、扭力扳手、弹簧秤、开口销		

操作步骤

Step 1　拆卸动力转向机总成

（1）根据顶车要领顶起车辆前部，并拆卸前轮。

（2）拆开管夹。

（3）如图 6-25 所示，以油管扳手将转向齿轮处的喇叭螺母与油管拆开，泄放动力转向机液压油。

（4）如图 6-26 所示，拆下开口销及球接头螺母后，用球接头拆卸器将横拉杆球接头与转向节臂分离。

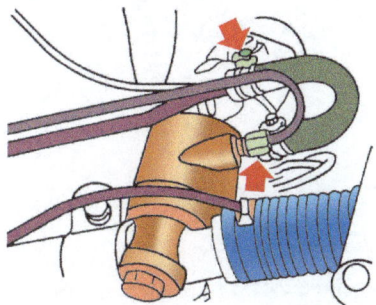

▲图 6-25　泄放动力转向机液压油

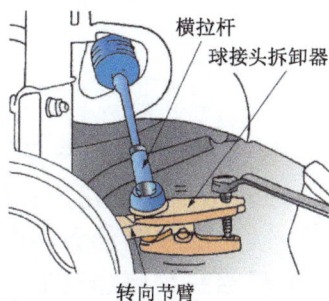

▲图 6-26　将横拉杆球接头与转向节臂分离

（5）拆卸下球接头。

（6）拆卸动力转向机固定螺钉。

（7）拆卸泵体油管。

（8）将动力转向机总成拆离车身，并取出动力转向机总成。

Step 2　检查动力转向机总成

（1）检查球接头防尘套是否破裂、摆动是否阻滞，其螺栓是否磨耗及游隙是否过大等；必要时，应更换球接头。

（2）检查转向齿条防尘套是否破裂、损坏或不良；若有须更换。

（3）如图6-27所示，在短轴锯齿周围裹以胶带，再以扭力扳手检查小齿轮的旋转扭力，若不合规范，须按图6-28所示调整护圈调整螺钉的紧度，如无法达到规范要求，应更换动力转向机总成。

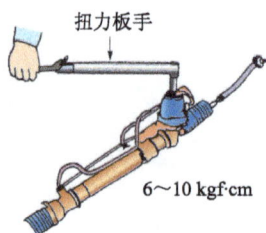

△图6-27　检查小齿轮旋转扭力

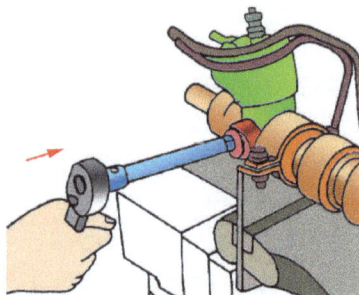

△图6-28　调整护圈调整螺钉的紧度

（4）如图6-29所示，齿条在中央位置时，以弹簧秤检查齿条的始动力，应合乎规范；若不合规范，也须调整护圈调整螺钉的紧度，如无法达到规范要求，应更换动力转向机总成。

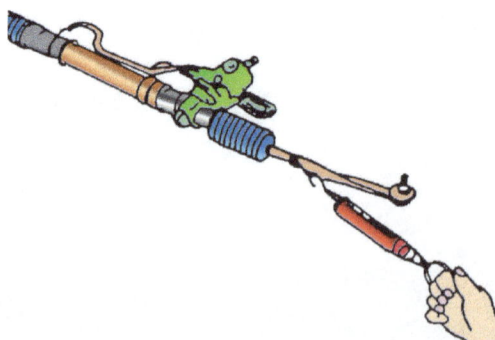

△图6-29　检查齿条的始动力

Step 3　安装动力转向机总成

安装时，根据规范扭力及拆卸的相反顺序进行，并注意下列事项：

（1）安装或移动动力转向机总成时，须握在动力转向机处。

（2）球接头须涂加黄油，且开口销每次拆卸后都必须换新。

（3）安装完成后，齿条需能运转自如，防尘套不得变形、固定夹必须牢固，且须检查前束；若有必要，予以调整。

综 合 测 验

一 实力测验

是非题

( ) 1. 转向系横杆的球接头磨损，会使前束改变。

( ) 2. 汽车前轮如在制动时被锁住，则会导致车辆无法转向。

( ) 3. 安装转向盘时，车辆需在直行方向上。

( ) 4. 动力转向系的车辆，转向盘没有游隙。

( ) 5. 油压式动力转向装置的油压系统如果发生故障，转向盘就无法操作。

( ) 6. 慢车状态时，检查装有动力转向的汽车转向盘操作力，若为25 kgf，则为良好。

( ) 7. 加注动力转向机齿轮油时，应加到较油孔高。

( ) 8. 测量转向盘游隙的角度，应用量角尺测量。

( ) 9. 一般小型轿车适当的转向盘游隙是转向盘外缘的 20～30 mm。

( ) 10. 转向盘向右或向左打到底时，不可超过 15 s 以上，以免使油泵或齿轮负荷过大，造成磨耗。

选择题

( ) 1. 高速行驶转向盘抖动的可能原因是什么？
   （A）转向机不良　　　　　　（B）轮胎平衡不良
   （C）转向盘自由间隙太大　　（D）减振器不良

( ) 2. 油压式动力转向装置产生转向困难的原因是什么？
   （A）前轮定位不准确　　　　（B）作用油压过低
   （C）轮胎气压不平均　　　　（D）油压泵储油筒油量不足

( ) 3. 假如车辆在平直的道路上行驶会产生忽左忽右的徘徊现象，最可能的原因是什么？
   （A）车轴弯曲　　　　　　　（B）转向节臂弯曲
   （C）转向接头松动　　　　　（D）平衡杆弯曲

( ) 4. 转向盘游隙过松，则会发生什么？
   （A）转向容易　　　　　　　（B）转向困难
   （C）转向操作不稳　　　　　（D）行驶时飘浮

( ) 5. 车辆在行驶时，偏向一边，其原因是什么？
   （A）前束不良　　　　　　　（B）车胎气压不均
   （C）减振器太弱　　　　　　（D）转向机空隙太大

( ) 6. 横拉杆两端球接头，连接在横拉杆的螺牙是什么？
   （A）均为左螺旋　　　　　　（B）均为右螺旋
   （C）左右螺旋各一个　　　　（D）没有左右螺旋

(   ) 7. 量测转向齿轮机的蜗杆轴承预负载时，使用下列哪种量具最正确？
        （A）弹簧磅秤   （B）扭力扳手
        （C）扳手及螺钉旋具   （D）塞尺

(   ) 8. 下列有关检查动力转向盘转动阻力测试的叙述，哪项不正确？
        （A）应先检查轮胎胎纹及胎压是否正常
        （B）于前轮定位实施完成后才可检查
        （C）发动机熄火时转向盘须位于中立位置下检查
        （D）若转向阻力过大，可能为动力转向机齿条弯曲变形或蜗杆轴承预负荷过大所造成

(   ) 9. 假如将车辆前段顶高车轮悬空，不拆卸车轮上任何螺栓，用手抓住前轮上下并朝内外摇动，如右图所示，若车轮内外摇动量过大，你认为下列哪一项判断可能正确？

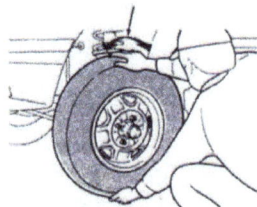
内外摇动

        （A）外倾角过大需要调整
        （B）转向节臂球接头磨损需要更换
        （C）制动衬垫与盘片间隙过大需要调整
        （D）悬架弹簧损坏需要更换

(   ) 10. 有关动力转向系检查调整，下列叙述哪项错误？
        （A）动力转向的液压油可使用自动变速器油
        （B）当驱动油泵的传送带断掉时，仍能转向但较费力
        （C）系统空气排放的方法是将转向盘向左及向右转动数次
        （D）因转向柱连接至控制阀，故转向盘不能有游隙存在

(   ) 11. 某部具有动力辅助转向系的汽车，经测试发现转动转向盘所需扭力太大，下列哪项不是可能原因？
        （A）动力辅助油量不足   （B）胎压不足
        （C）转向盘自由间隙太大   （D）转向系油封不良

(   ) 12. 拆装转向盘时，下列叙述哪项错误？
        （A）利用锤子敲击转向轴的末端，以利转向盘的拆卸
        （B）安装转向盘后，应左右转动转向盘，检查有无卡住或拖曳现象
        （C）安装转向盘时，前轮应置于正直向前的位置
        （D）在滑动部位，应该施以黄油润滑

(   ) 13. 汽车转向系的横拉杆球接头因磨损而松动时，将导致下列何种情形？
        （A）加减速时会左右方向游走   （B）只剩单方向的转向功能
        （C）前轮内倾角改变   （D）前轮后倾角改变

问答题

1. 转向盘游隙不合规范时，会导致什么状况？
2. 前轮轮毂间隙检查要领是什么？
3. 动力转向机在拆修前，须先进行哪些检查？

4．转向齿轮总成在安装或搬运时，须注意的事项是什么？

二 练习题库

选择题

（　　）　1．转向盘的空挡游隙太大会造成什么？
　　　　　　（A）转向容易　　　　　　　　（B）转向易而回复困难
　　　　　　（C）转向操作迟钝　　　　　　（D）没有影响

（　　）　2．一般转向盘自由间隙应在多少以下？
　　　　　　（A）0 mm　　　　（B）35 mm　　　（C）75 mm　　　（D）100 mm

（　　）　3．右图是实施动力转向机齿杆的何项操作？
　　　　　　（A）转向齿杆弯曲度的检查
　　　　　　（B）转向齿杆小齿轮的检查
　　　　　　（C）转向齿杆中心线的检查
　　　　　　（D）转向柱弯曲度的检查

（　　）　4．右图是实施球接头的何项操作？
　　　　　　（A）拆卸球接头
　　　　　　（B）安装球接头
　　　　　　（C）更换油封
　　　　　　（D）检查球接头

（　　）　5．转向盘幅条不正直时应如何处理？
　　　　　　（A）将转向盘拆下然后装正　　（B）更换左右横拉杆
　　　　　　（C）调整车轮的前展　　　　　（D）等量调整左右横拉杆

（　　）　6．动力转向系排放空气的方法是什么？
　　　　　　（A）将回油管拆下　　　　　　（B）转动转向盘
　　　　　　（C）将空气螺钉打开　　　　　（D）无法排放空气

（　　）　7．车辆高速行驶时，忽偏左忽偏右的现象称为什么？
　　　　　　（A）转向松动　　　（B）振动　　　（C）徘徊　　　　（D）摇荡

（　　）　8．动力转向机构发现转向困难，最可能的原因是什么？
　　　　　　（A）胎压过高　　　　　　　　（B）平衡杆弯曲
　　　　　　（C）前轮定位不正确　　　　　（D）液压过低

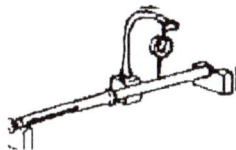

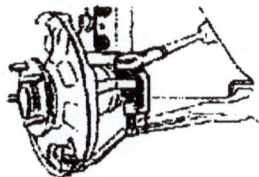

第 7 章
车轮检修

Chapter **7**

本章学习重点

车轮检修的主要项目有：
1. 车轮拆装。
2. 车轮检查。
3. 车轮分解组合。
4. 车轮平衡。
5. 无内胎式车轮补漏。
6. 车轮定位。

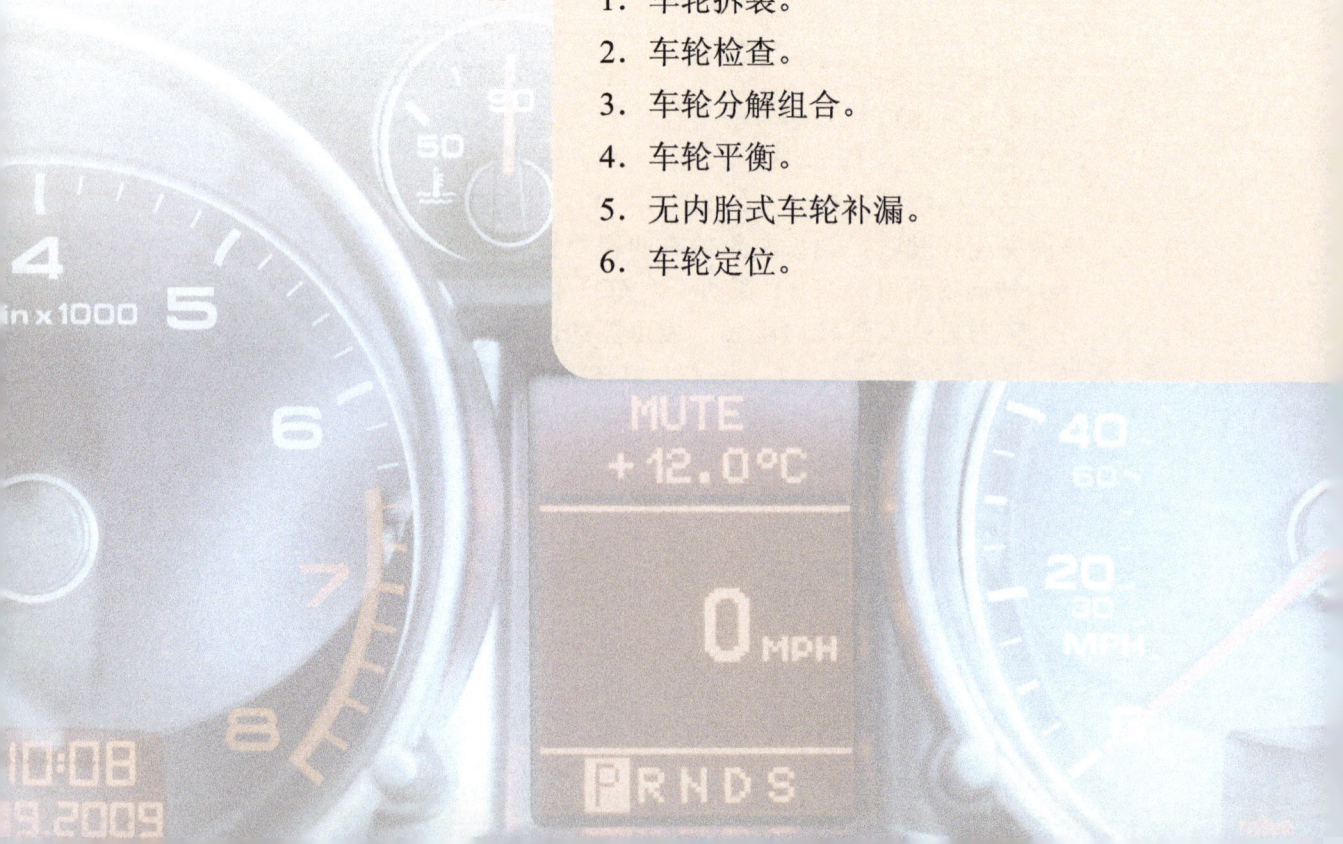

7.1　车轮拆装

相关知识

车轮经过若干距离行驶后，基于下列事项须实施车轮拆装：

（1）调换轮胎：

① 为使胎纹平均磨损，每行驶 10 000 km 必须实施轮胎换位；通常右前轮磨损最大。

② 如图 7-1 所示，辐射层式轮胎调换时，只能前后车轮调换，不可如斜层式轮胎予以左右调换，以免影响操作性能。

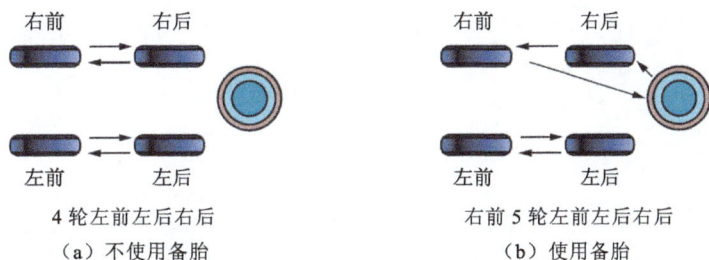

右前　右后　　　　　　　　右前　右后

左前　左后　　　　　　　　左前　左后

4 轮左前左后右后　　　　右前 5 轮左前左后右后

（a）不使用备胎　　　　　（b）使用备胎

△图 7-1　辐射层式轮胎调换方式

（2）轮胎必须补胎或更换新轮胎时。

（3）钢圈损坏须更换时。

（4）制动片、制动分泵或车轮轴承等检修时。

（5）车轮平衡时，可以使用免拆式平衡机，则不必拆下车轮。

（6）其他系统检修时。

轮胎更换时，须注意下列事项：

（1）不同类型、尺寸、荷重的轮胎混合使用，会缩短轮胎使用寿命，甚至造成事故。

（2）不同厂牌、胎纹的轮胎，不可混合使用，以免影响乘坐、制动、操纵及底盘离地面的高度等。

（3）同一车轴上宜成对使用新胎，以平衡制动力。

（4）如图 7-2 所示，不同钢圈类型的轮胎螺母，不可混用。

轮胎的使用寿命除与轮胎质量有关外，还与平时保养与使用方法有密切关系，可多加注意下列事项：

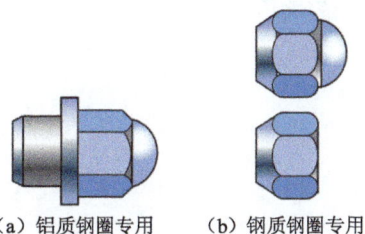

（a）铝质钢圈专用　　（b）钢质钢圈专用

△图 7-2　轮胎螺母不可混用

① 胎压

胎压应符合规范（1.6 ～ 2.4 kgf/cm^2），应随载质量调整，且备胎胎压也应检查。

❷ 载重

除根据载质量调整胎压外，最重要的是不要超载。超载除造成轮胎过度屈曲，导致胎纹加速磨损外，悬架系、制动系的负荷也随之加重，造成行车操控困难与危险。

❸ 胎壁应避免碰撞摩擦

辐射层式轮胎的胎壁很柔软，也很脆弱，若与人行道或安全岛边缘摩擦，容易造成胎壁破裂，应予以避免。

❹ 定期调换轮胎

每年一次或每 10 000 km 实施车轮调换，可使轮胎磨耗均匀，延长使用寿命。

❺ 发现异常磨耗，立即进厂检修

轮胎若有异常磨耗，可能是多方面因素所形成的，如车轮定位、平衡或悬架系等故障造成，应立即进厂检修。

技能项目

实习名称	车轮拆装	实习目标	熟练车轮拆装技巧
使用器材	一般手工具、实训车、车轮扳手、扭力扳手、套筒组	技能鉴定	维修操作第 1 题的第（5）小题（见附录 A）：车轮换位（更换备胎）

操作步骤

Step 1　拆卸车轮

（1）拉上驻车制动拉杆，依顶车要领将车辆或欲拆卸的车轮端顶起离开地面为止。若须进入车辆下方时，须做好安全措施，如以三脚架支持车身大梁。

（2）拆卸轮辐盖。

（3）使用气动扳手（或车轮扳手）对角拆下车轮螺母，取下车轮。若使用车轮扳手拆卸时，须在顶起车轮前，先对角均匀放松车轮螺母 1 圈，再顶起车轮拆卸车轮。

Step 2　安装车轮

安装时，根据规范扭力及拆卸的相反顺序进行，并注意下列事项：

（1）如图 7-3 所示（图中数字为螺母拧紧顺序），车轮螺母先以手旋入数牙后，再依对角交叉方式均匀锁紧，且须注意螺母的方向。

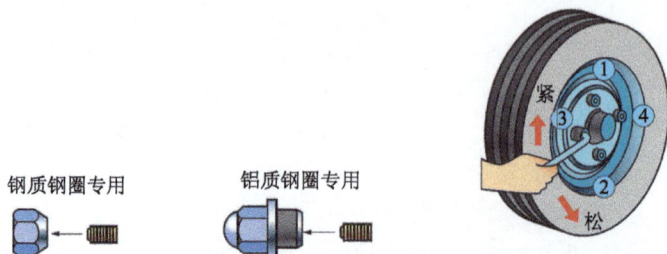

钢质钢圈专用　　铝质钢圈专用

△图 7-3　对角交叉方式锁紧车轮螺母

（2）如图 7-4 所示，安装铝质钢圈的车轮时，须在车轮装置定位后，将车轮螺母略加锁紧，再轻轻将车轮向外拉，使螺母与车轮螺栓孔相配合，以手旋紧螺母后，再对角交叉均匀地锁紧。

（3）安装轮辐盖时，须配合气嘴的位置。

使螺母与车轮上的螺栓孔对准，再将各螺母逐一均匀旋紧

⬆图 7-4　安装铝质钢圈车轮的要领

技能鉴定

维修应检项目第 1 题的第（5）小题：车轮换位（更换备胎）

（1）试题说明、评审要点、评审表等可参阅附录 A。

（2）测试表：

工作项目	检查结果（应检人填写）		评审结果（监评人员填写）		
	规范值	测量值	合格	不合格	备注
车轮换位（更换备胎）	车轮锁紧扭力（　　　）	车轮锁紧扭力（　　　）			

课堂思考

在路边紧急更换车轮时，须注意哪些事项？

7.2 车轮检查

相关知识

轮胎充气程度应依负载多寡进行调整，一般小型车充气胎压为 $1.6 \sim 2.4$ kgf/cm^2。检查时，须以冷时轮胎胎压为测量基准，不可在行驶一段时间后，因轮胎温度升高，导致胎压升高，而采取降低胎压的动作。图 7-5 所示为胎压高低与路面接触的情形。

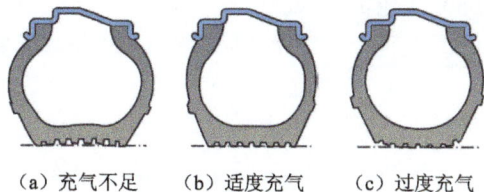

（a）充气不足　　（b）适度充气　　（c）过度充气

⬆图 7-5　胎压高低与路面接触的情形

❶ 充气不足

胎面的两外缘与路面接触，胎壁过度扭曲，造成两侧快速磨损、转向困难，甚至爆胎等。

② 适度充气

胎面与路面正常接触，轮胎性能得以发挥。

③ 过度充气

胎面中央与路面摩擦，造成胎面中央过度磨损、吸振不良及操控不易等。

不正常的轮胎磨耗，其形成的征兆、可能原因及处理方式如下：

征　兆	可　能　原　因	处　理　方　式
胎肩磨损	（1）充气不足（两侧磨耗）； （2）车轮外倾角不正确（单侧磨耗）； （3）转弯过急； （4）没有定期调换轮胎	（1）调整； （2）修理或更换车轴及悬架构件； （3）转弯减速； （4）定期调换轮胎
胎面中心磨损	（1）过度充气； （2）没有定期调换轮胎	（1）调整； （2）定期调换轮胎
前束或前展磨损	前束或前展量不正确	调整
磨损不均	（1）外倾或后倾角不正确； （2）悬架作用不良； （3）轮胎不平衡； （4）制动鼓失圆； （5）其他机构状况； （6）没有定期调换轮胎	（1）修理或更换车轴及悬架构件； （2）修理、换新，必要时重装； （3）车轮平衡； （4）校正或换新； （5）校正或换新； （6）定期调换轮胎

技能项目

实习名称	车轮检查	实习目标	熟练车轮检查要领
使用器材	百分表（含磁座）、车轮、胎压表、胎纹深度规	技能鉴定	定期保养第10题（见附录A）：检查轮胎胎压及胎纹（全数检查）

操作步骤

Step 1   检查胎压

（1）将气嘴盖取下。

（2）如图 7-6 所示，在轮胎冷时，将胎压表压在气嘴上，不可有嘶嘶的漏气声；若不合规范，须加以充气。

（3）检查胎压或充气后，须以肥皂水检查气嘴是否漏气，确定无漏气现象，用手将气嘴盖锁紧，以防灰尘和水分渗入。

图 7-6   检查胎压

Step 2   检查轮胎

（1）清除胎纹沟内的碎石等杂物。

（2）检查胎面、胎壁有无破裂、穿孔或剥落等；必要时须更换轮胎。

（3）检查胎纹是否有裂痕或不正常磨损；必要时须更换轮胎。

（4）如图 7-7 所示，使用胎纹深度规量测胎纹深度，若少于 1.6 mm 时，须更换轮胎；或如图 7-8 所示，当胎纹磨损记号出现时，轮胎也须换新。

图 7-7   检查胎纹深度

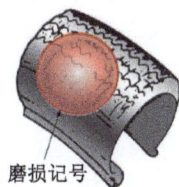
磨损记号

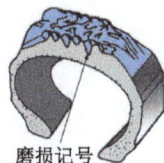
磨损记号

图 7-8   胎纹磨耗损记号

Step 3   检查钢圈

（1）彻底清除钢圈上的锈蚀、灰尘或氧化后的橡皮。

（2）检查钢圈凸缘与胎唇座有无变形或破裂等现象；若有上述现象，须予以更换。

（3）检查钢圈有无弯曲、凹陷、螺栓孔变大及偏摇过度的现象；若有上述现象，须予以更换。

（4）如图 7-9 所示，将车轮顶起，以百分表检查钢圈轴向偏摇度，应符合规范。

（5）如图 7-10 所示，检查钢圈径向偏摇度，也应符合规范。

钢质 <1.2 mm
铝质 <0.5 mm

图 7-9   检查钢圈轴向偏摇度

钢质 <1.2 mm
铝质 <0.5 mm

图 7-10   检查钢圈径向偏摇度

技能鉴定 ⚙

定期保养第 10 题：检查轮胎胎压及胎纹（全数检查）

（1）试题说明、评审要点、评审表等可参阅附录 A。

（2）测试表：

工作项目	检查结果（应检人填写）（不正常时于备注栏位填写位置或零件）				评审结果（监评人员填写）		
	规范值	测量值	正常	不正常	合格	不合格	备注
检查轮胎胎压及胎纹	胎压（　）	胎压： 左前（　） 右前（　） 左后（　） 右后（　） 备胎（　）	（　）	（　）			

课堂思考

车辆行驶后，轮胎胎压较规范胎压高，可否放气以降低胎压？为何？

7.3 车轮分解组合

相关知识 ⚙

车轮由钢圈及轮胎等组成，用以支持全车质量，传递车辆驱动及制动时的扭力，并抵抗车辆行驶时的侧压力。

因而轮胎在下列情况下，必须予以更换：

（1）轮胎胎纹深度小于 1.6 mm 时。

（2）轮胎胎面及胎壁不正常磨损时。

（3）轮胎胎壁破损时。

（4）钢圈或轮胎变形，导致漏气时。

车轮分解组合一般皆使用气压式或油压式拆胎机。图 7-11 所示为气压式拆胎机。

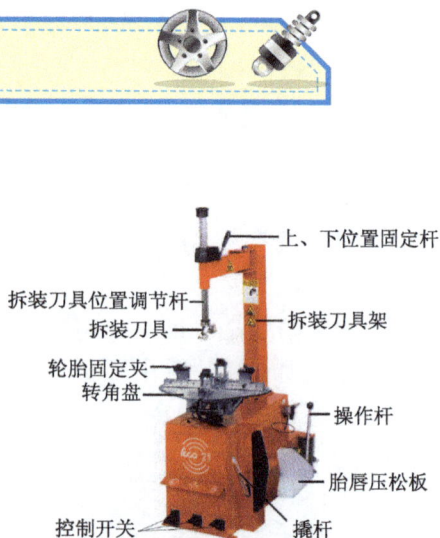

上、下位置固定杆
拆装刀具位置调节杆
拆装刀具
拆装刀具架
轮胎固定夹
转角盘
操作杆
胎唇压松板
控制开关
撬杆

▲图 7-11　气压式拆胎机

技能项目 ⚙

实习名称	车轮分解组合	实习目标	熟练车轮分解组合技巧
使用器材	车轮、拆胎机、橡胶润滑油或肥皂水	技能鉴定	单件拆装第 9 题（见附录 B）：更换外胎

🔧 操作步骤

Step 1　分解车轮

（1）在轮胎与钢圈上做记号，以利组合回原来的位置。

（2）如图 7-12 所示，取下气阀芯子，放除轮胎内空气。

（3）如图 7-13 所示，利用拆胎机右侧的胎唇压松板将两侧胎唇压松，使胎唇离开钢圈轮缘。

▲图 7-12　取下气阀芯子，放除轮胎内空气

▲图 7-13　将胎唇与钢圈轮缘分离

（4）踩下锁定夹控制踏板，将车轮锁定在拆胎机转角盘上，且车轮外侧须朝上。

（5）如图 7-14 所示，调整拆装杆的前后及上下位置，使拆装杆刀具尽量紧靠在钢圈轮缘上，并旋紧前后位置固定旋钮及上下位置固定旋钮。

（6）如图 7-15 所示，利用撬杆从拆装杆刀具右侧将胎唇撬起，并置于拆装杆刀具的右侧导槽上；此时撬杆尚未抽出，并踩下转角盘控制板，使转角盘顺时针旋转，使车轮外侧胎唇脱离钢圈。

▲图 7-14　拆装杆刀具须尽量紧靠在钢圈轮缘上

▲图 7-15　利用撬杆将胎唇撬起

若为内胎式轮胎，此时即可进行内胎更换或修补的工作。操作时，应注意转角盘旋转时，胎唇与钢圈脱离的情形；若有不顺畅时，应立即停止转角盘转动，以免

胎唇或钢圈受损。

（7）如图7-16所示，重复步骤（6）的方式将另一侧胎唇拆离钢圈，即可取出轮胎与钢圈。

Step 2　组合车轮

（1）将钢圈外侧朝上置于转角盘上，并踩下锁定夹控制踏板固定钢圈在转角盘上。

（2）以橡胶润滑油或肥皂水润滑胎唇，使组合容易、顺畅，以免胎唇受损。

（3）如图7-17所示，将轮胎右斜套入钢圈，并使轮胎左侧置于拆装杆刀具左侧导槽上，然后踩下转角盘控制踏板，并将内侧胎唇压入钢圈轮缘内。

（4）内胎式轮胎安装内胎时，须注意气阀位置；无内胎式轮胎要根据记号或根据所做的记号进行安装。

（5）根据步骤（3）将外侧胎唇装入钢圈轮缘内。安装时，尽量将拆装杆刀具左侧的胎唇向上提到刀具左侧导槽上，并将拆装杆刀具右侧的胎唇及已装入的胎唇向下压，以靠近钢圈内座，以增加拆装杆刀具右侧轮胎的空间裕度，以利组合。组合时，若遇胎唇组装不滑顺时，须立即停止，以免胎唇受损。

（6）缓慢充气到规定胎压。

（7）检查气阀及胎唇等处有无漏气。

▲图7-16　利用撬杆将另一边胎唇撬起

▲图7-17　将轮胎右斜套入钢圈，并使内侧胎唇压入钢圈轮缘内

技能鉴定 ⚙

单件拆装第9题：更换外胎

（1）试题说明、评审要点、评审表等可参阅附录B。

（2）测试表：

测量项目	数据记录（应检人填写）		评审结果（监评人员填写）		
	规范值	测量值	合格	不合格	备注
轮胎型号	（　）	（　）			
胎压	（　）	（　）			

课堂思考

轮胎胎壁在何种情况下，较易破损？

7.4　车轮平衡

相关知识 ⚙

车轮平衡是在钢圈附近附加配重，以抵消因悬架、制动构件及车轮组等产生的不平衡离心力；若车轮平衡不良，会导致汽车高速行驶时车轮的摆动，因而转向盘不易控制，以致行车操控困难。

车轮平衡一般皆使用电子式车轮平衡机，但其厂牌众多。图 7-18 所示为电子式车轮平衡机。实施车轮平衡前，须注意下列事项：

△图 7-18　电子式车轮平衡机

（1）了解轮胎规格：

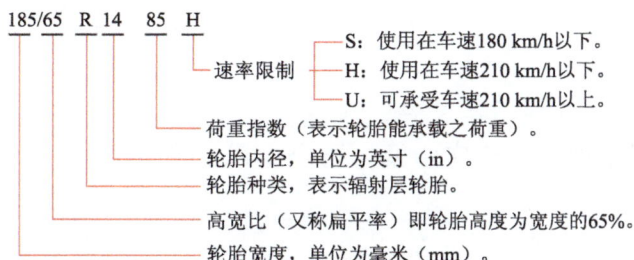

```
185/65  R  14  85  H
```

- 速率限制
  - S：使用在车速 180 km/h 以下。
  - H：使用在车速 210 km/h 以下。
  - U：可承受车速 210 km/h 以上。
- 荷重指数（表示轮胎能承载之荷重）。
- 轮胎内径，单位为英寸（in）。
- 轮胎种类，表示辐射层轮胎。
- 高宽比（又称扁平率）即轮胎高度为宽度的 65%。
- 轮胎宽度，单位为毫米（mm）。

（2）了解轮胎标记，如图 7-19 所示。

结构标示（线层数、线层材料）（如 PLES TREAD 2STEEL+2 POLYESTER +1 NYLON SIDEWALL 2 POLYESTER 表示线层为 2 层钢丝+2 层聚酯+1 层尼龙材料，胎侧为 2 层聚酯材料）

厂牌（如 MICHELIN，表示米其林公司）

最大负载压力［如 MAX LOAD 560kgf MAX PRESS 51psi 表示最大负载 560 kgf，最大压力 51 psi（1psi=6.895×10³Pa）］

轮胎类型（如 TUBELESS STEEL BELT RADIAL 表示无内胎钢丝带辐射层轮胎）

尺寸（如 205/65 R15 85H 请参阅轮胎尺寸的说明）

制造地点

安装记号（应对正气嘴）

△图 7-19　轮胎标记

（3）平衡配重要根据钢圈材料而定，有铅质与铝质两种。

（4）胎压要合乎规范。

（5）轮胎胎面上的碎石、杂物必须清除。

（6）原有的配重须先拔除。

（7）胎纹若不合规范，应更换新轮胎。

（8）钢圈须良好，不可变形等。

技能项目 ⚙

实习名称	车轮平衡	实习目标	熟练车轮平衡技巧
使用器材	车轮、胎压表、胎纹深度规、车轮平衡机及配件、配重钳	技能鉴定	单件拆装第 10 题（见附录 B）：车轮平衡及补胎

🔧 操作步骤

Step 1　检查车轮

（1）根据车轮检查的要领检查车轮。

（2）使用配重钳将车轮上原有的平衡配重取下。

Step 2　检查平衡机

接上电源（AC 100 V），并检查车轮平衡机面板上的指示灯是否亮起，以确保平衡机状态良好。

Step 3　安装车轮

如图 7-20 所示，选择适当弹簧、锥套及轮圈盖依序将车轮装上测试轴。须注意锥套方向，及固定把手须确实锁紧（至少旋入 3 圈以上），以免车轮转动时产生晃动，造成损坏。

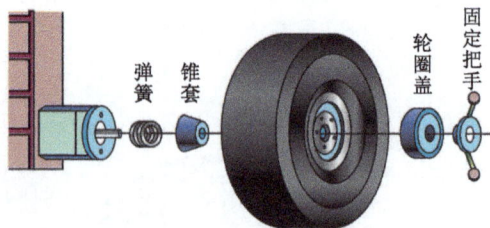

▲图 7-20　安装车轮

Step 4　调整光束投射位置

如图 7-21 所示，旋转光束调整钮，以调整光投射位置，作为安装平衡配重的位置；须注意钢质钢圈（嵌入式）安装配重的位置与铝质钢圈（自黏式）安装配重的位置不同，因而光束投射位置也就不同。

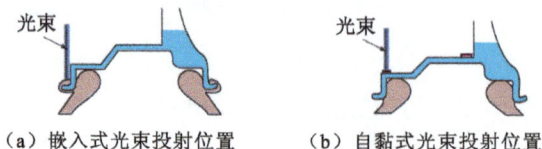

（a）嵌入式光束投射位置　　　（b）自黏式光束投射位置

▲图 7-21　调整光束投射位置

Step 5　测量钢圈轮缘宽度

如图 7-22 所示，以外卡量规测量钢圈轮缘宽度，此宽度是作为内、外平衡配重安装的距离，若为隐藏式安装方式，则须以钢直尺等测量 A、B 点的距离，并调整平衡机钢圈轮缘宽度设定旋转钮，如图 7-23 所示。

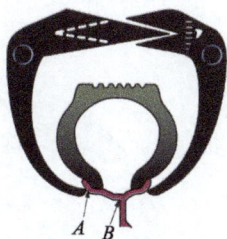

▲图 7-22　测量钢圈轮缘宽度

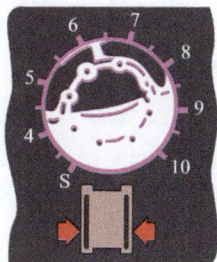

▲图 7-23　设定钢圈轮缘宽度

Step 6　设定钢圈直径

如图 7-24 所示，依轮胎标示的钢圈直径，调整钢圈直径旋钮，如轮胎尺寸大小为 185/65R14 85H，其中 14 即代表钢圈直径为 14 英寸（in，1 in＝2.54 cm）；但若为自黏式配重钢圈，在设定钢圈直径时，须较实际钢圈直径少 1.5 英寸，因而若为 14 英寸的自黏式配重钢圈，钢圈直径须设定为 1.5 英寸。

钢圈直径

▲图 7-24　设定钢圈直径

Step 7　转动车轮，进行平衡检测

将平衡机护盖放下，即接通开关，带动车轮，待检测完毕时，车轮自动停止转动，并待车轮完全停止转动后，才可掀开护盖，以免发生意外。

Step 8　确定配重安装位置

如图 7-25 所示，根据箭头（逆时针）方向慢慢转动车轮，直待 INNER（内侧）或 OUTER（外侧）的两个箭头皆亮时，停止转动车轮，则光束照射的位置（INNER 两箭头皆亮时），或其相对侧位置（OUTER 两箭头皆亮时）即配重安装位置。

Step 9　安装平衡配重

（1）如图 7-26 所示，当 INNER 两箭头皆亮时，在车轮内侧光束照射位置，以配重钳安装显示板显示配重质量［如 1.25 盎司（floz，1 floz ≈ 28.41 cm^3），有些单位为克（g），须注意］。

（2）继续转动车轮，寻找其他配重安装位置，并根据上述方式安装。

图 7-25　确定配重安装位置

图 7-26　配重安装位置

Step 10　确认平衡结果

（1）重复 Step 9 的操作，当显示板出现零时，表示完成车轮平衡。

（2）若尚未归零时，尽量不要再加配重，可以用下列方法移动配重来修正：

① 用手转动车轮，找出须加配重的位置及质量。

② 如图 7-27 所示，若欲加的配重位置在 1 区，表示太轻，将原先所加的配重换为重一点的配重；若在 2 区，表示太重，将原先所加的配重换为轻一点的配重；若在 3 区或 4 区，表示位置不正确，将原先所加的配重往 12 点钟方向移动 1～2 cm，以调整车轮平衡。

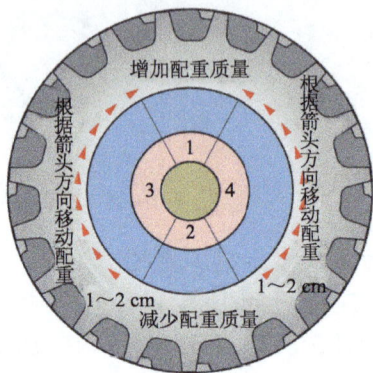

图 7-27　以移动配重调整车轮平衡的方法

技能鉴定

单件拆装第 10 题：平衡及补胎

（1）试题说明、评审要点、评审表等可参阅附录 B。

（2）测试表：

测 量 项 目	数据记录（应检人填写）		评审结果（监评人员填写）		
	规范值	测量值	合格	不合格	备注
平衡前误差值	（　）	（　）			
平衡后误差值	（　）	（　）			

课堂思考

你认为在何种情形下，须进行车轮平衡？

7.5　无内胎式车轮补漏

相关知识 ⚙

　　无内胎式车轮补漏方法有橡皮塞补漏法及冷补法两类。其中橡皮塞补漏法是直接由轮胎外侧将橡皮塞压入轮胎内，并在橡皮塞露出胎面 2～3 mm 处切除，由于橡皮塞直径约为一般破孔孔径的 2 倍，可有效予以密封破孔，但是太大破孔不宜用此方式，可用冷补法修补。

　　冷补法须将车轮分解，再从轮胎内侧以补胎胶片修补，其密封效果较佳，但须分解车轮，较费时。

　　凡有下列情况时，应更换新轮胎，不可以修补方式处理：

　　（1）胎唇钢丝断裂或损坏者。

　　（2）胎唇或胎面脱落者。

　　（3）轮胎纤维损坏者。

　　（4）胎壁损坏者。

　　（5）胎纹低于规范的轮胎。

技能项目 ⚙

实习名称	无内胎式车轮补漏		
使用器材	一般手工具、无内胎式车轮、橡皮塞补漏器组、补胎胶片、补胎胶水	实习目标	熟练无内胎式车轮补漏技巧

🔧 操作步骤

Step 1　试漏

　　（1）将车轮充气到规范压力。

　　（2）将车轮浸入水槽中，逐步检查每一部位，尤其是气阀、胎唇与钢圈接合处及轮胎表面等是否有气泡产生，并在气泡产生处（即漏气处）做记号；若是钢圈变形、不良，必须换新。

Step 2　补漏（以橡皮塞补漏法为例）

　　（1）去除漏气处的异物，如钉子等。

　　（2）如图 7-28 所示，以适当大小的圆锉清洁破孔。

　　（3）将接着剂（如硫化液）涂加在破孔的外部，并使接着剂自破孔处流入轮胎内侧。

　　（4）选用大小适当的橡皮塞，且橡皮塞直径至少须为破孔直径的 2 倍。如图 7-29 所示，先在橡皮塞表面涂加接着剂后，以穿针或压力枪将橡皮塞从破孔处插入到轮胎内侧后，将露出轮胎表面 2～3 mm 处的橡皮塞切除。

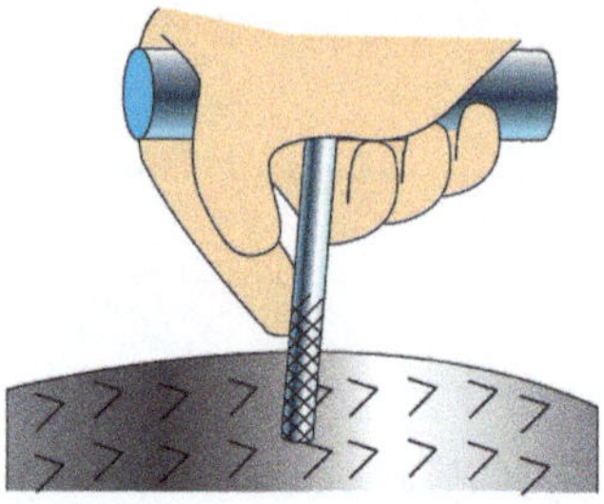

▲图 7-28　清洁破孔处

穿针压入轮胎后，将穿针倾斜使橡皮塞脱离穿针，再拔出穿针。

▲图 7-29　塞入橡皮塞的方式

（5）充气到规范胎压，检查是否已不再漏气。

课堂思考

你认为以橡皮塞补漏无内胎式车轮的方法，主要是以何种方式来达到防止车轮内空气泄漏的？

7.6 车轮定位

相关知识

车轮定位是将车轮、车轴、悬架系及转向系等构件进行适当的配合与安装，因而在检查、实施车轮定位前，须先实施下列事项的检查工作，并将磨耗或松动的零件更换，以维持确实的定位工作，及确保车辆操作上的安全性。

（1）测试（仪器设备）须在平坦地面上。

（2）检查轮胎状况，如胎纹、胎压与尺寸是否适当。

（3）检查空载状态下的车身高度。所谓空载是指油箱、散热器及发动机油完全加满；备胎、千斤顶、手用工具齐全，并放置规定位置。

（4）车辆侧滑检查：如图 7-30 所示，将车辆平稳缓慢（约 3 km/h）驶过侧滑试验器，即可掌握整个悬架系的情况，由此找出拖曳轮胎磨耗的原因及位置。当侧滑试验器指针显示前轮的侧滑在 1m/km 内，表示车轮定位在良好状态，轮胎的磨耗也是最少的；而后轮的侧滑则应为零才是最佳状态。

（5）检查车轮失圆度：如图 7-31 所示，将车辆从前端梁构件的中心处顶起，慢慢旋转前轮检查其失圆度；并在此操作时，将手放在保险杠上以检查车轮轴承的粗糙度，若察觉有任何不平衡时，轴承须做进一步检查或更换。

（6）检查车轮轴承是否松动：如图 7-32 所示，将车辆前端顶起，一手放在车轮上面，另一手在车轮下面，将车轮向内、外侧推动，然后再将车轮进行上下的摇动；若制动底板与制动鼓（碟）间松动或心轴螺母及轮毂间有松动，表示车轮轴承有磨耗或调整不正确。

▲图 7-30　将车辆平稳缓慢（约 3km/h）驶过侧滑试验器

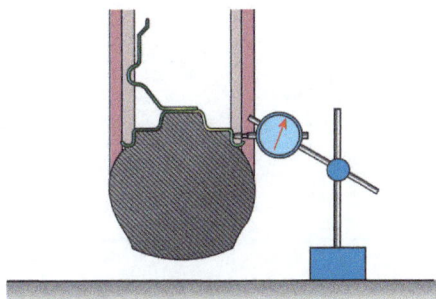

▲图 7-31　检查车轮失圆度

▲图 7-32　检查车轮轴承的松紧度

（7）检查车轮平衡。

（8）检查减振器：首先检查减振器是否有漏油迹象或装置不良的情形；之后，从保险杠的中心处上下摇动，正常情况应在 1 ～ 2 次的自由跳动后静止。若须更换减振器，则应左右同时更换。

（9）检查球接头：如图 7-33 所示，将千斤顶顶在下控制臂的下方，并尽量靠近车轮，将车轮顶起，然后抓紧车轮的顶部及底部，并将车轮向内、向外用力推拉，检查球接头轴向磨耗情形；之后，再将撬杆放在前轮下面，撬起车轮，检查球接头径向磨耗情形，如图 7-34 所示。

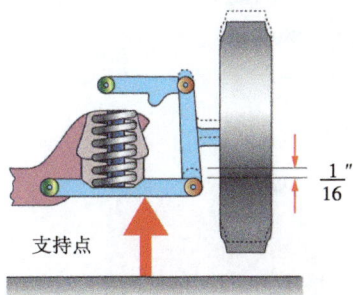

▲图 7-33　检查球接头（轴向磨耗）

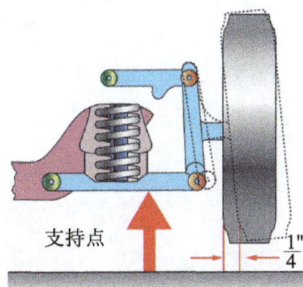

▲图 7-34　检查球接头（径向磨耗）

（10）检查转向连杆组。

（11）检查下控制臂：如图 7-35 所示，把千斤顶放在下控制臂下方，并尽可能靠近车轮后顶起两前轮；之后，抓紧左前轮并向外转动到达停止位置，再使用撬杆撬动车轮来检查下控制臂、衬套是否磨耗。

（12）检查上控制臂：根据检查下控制臂的方式顶起前轮及转动左前轮到达停止位置之后，将杠杆放在下控制臂（在内侧端）及横梁之间，并把杠杆上下摇动，检查上控制臂、轴衬是否磨损。

△图 7-35　检查下控制臂

技能项目

实习名称	车轮定位		
使用器材	一般手工具、套筒组、主销检查表、转角盘（一对）、高度补偿板（一对）、制动踏板固定器、转向盘固定器、前束规、侧滑试验器、实习车辆	实习目标	（1）熟练车轮定位前检查项目与要领。 （2）熟练车轮定位检查项目与要领

操作步骤

Step 1　先行检查

依相关知识的先行检查事项逐项检查，必要时予以调整或更换。

Step 2　车轮定位

（1）使用前的准备工作：

① 检查四轮定位仪电源或稳压器是否正常，如图 7-36 所示。

△图 7-36　检查四轮定位仪电源或稳压器

② 检测气泵的气压是否达到标准，如图 7-37 所示。

③ 检查转角盘是否能正常工作，如图 7-38 所示。

△图 7-37　检测气泵的气压

△图 7-38　检查转角盘

注意：不要在没有放转角盘情况下，将车辆开上举升机，如图 7-39 所示。

将转角盘放到正确的工作位置上，如图 7-40 所示。

🔺图 7-39　不要在没放转角盘情况下，
将车辆开上举升机

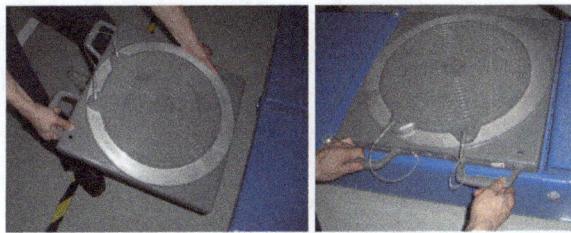

🔺图 7-40　转角盘工作位置

④ 检查四柱举升机工作是否正常，如图 7-41 所示。

⑤ 检查四轮定位仪附属设备是否正常。

⑥ 将被检测的车开到举升机上，如图 7-42 所示。

🔺图 7-41　检查四柱举升机

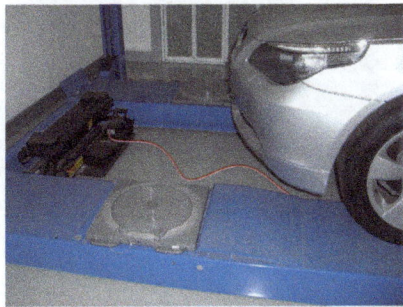

🔺图 7-42　将被检测的车开到举升机上

汽车驶上平台时，前轮须停放于转角盘中央，在载重时转角盘须有自由旋转及前后左右滑动的功能。转角盘平面须一致，不可左右上下晃动，转角盘必须定期保养检查其滑动及转动灵活，不良转角盘会造成测量及调整不准，如图 7-43 所示。

汽车驶上平台时，后轮须停于后滑板上，后滑板须有自由旋转（±5°）及左右滑动的功

🔺图 7-43　将前轮压到转角盘的中央位置

能，后滑板也须定期检查确保其活动性，否则也会影响测量及调整准确度。平台左右后滑板与左右转角盘须保持水平，尤其在载重下仍须保持水平。前转角盘及其后滑板必须保持水平以确保后倾角的测量准确性。

⑦ 汽车驶上平台的正确位置后，用制动踏板固定器将制动踏板固定，如图 7-44 所示。制动踏板固定器用于防止在打方向或调整定位角度时汽车车轮滑动。车身没有固定好，则必然会产生测量及调整误差。

⑧ 在平台上用手分别压几次车辆的四角，如图 7-45 所示，使车辆处于自由的状态。

⑨ 测量4个车轮轮胎的气压，气压不足的进行充气，如图7-46所示，并记录下来。

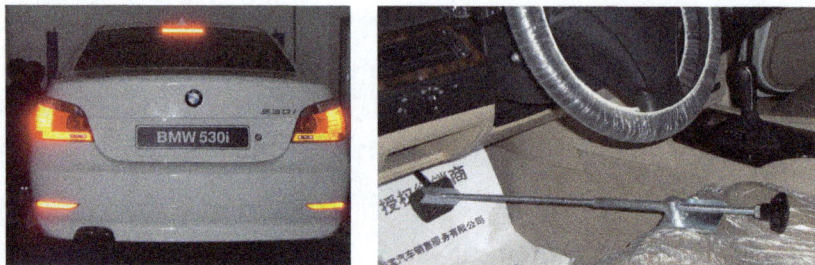

▲图7-44　用制动踏板固定器将制动踏板固定

▲图7-45　用手分别压几次车辆的四角

▲图7-46　测量轮胎的气压

⑩ 使用米尺测量车辆高度，如图7-47所示，并记录下来。

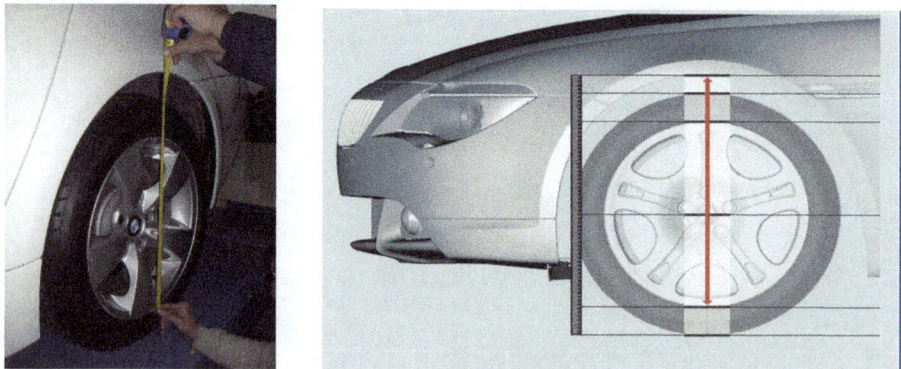

▲图7-47　测量车辆高度

（2）开机：

① 安装传感器夹具与传感器。四轮定位夹具的功能是连接传感器与车轮钢圈，此夹具必须保持非常良好的精密度以避免造成测量误差。在安装夹具与钢圈上，时必须保持其平稳性，夹具必须牢固于钢圈上以防止脱落损坏传感器。安装传感器夹具后，把两前轮处于向前直行的角度，正确安装4个不同位置的传感器。根据传感器上的图标来安装传感器，如图7-48所示。

② 打开主机的电源，如图7-49所示。

图 7-48　安装传感器夹具和传感器

图 7-49　主机

③ 拔下转角盘和后滑板的定位销，如图 7-50 所示。

图 7-50　拔下转角盘和后滑板的定位销

④ 按传感器上面任意一个按键都可开机，如图 7-51 所示。

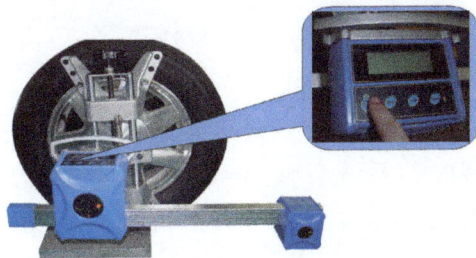

图 7-51　传感器开机

（3）操作软件进入测量调整：

① 显示器上显示四轮定位应用程序，如图 7-52 所示。

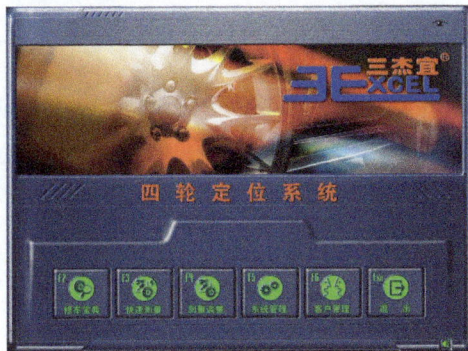

图 7-52　四轮定位应用程序

② 通过选择"测量调整"功能按钮以后，程序进入选择车型界面，如图 7-53 所示。在该屏幕下，操作人员通过鼠标来选择正确的车辆厂商、年款和车型以后，

单击"下一步"按钮或按【F11】键进入偏心补偿功能。如果操作人员不想做偏心补偿，可以直接单击偏心补偿按钮后面的其他功能按钮进入其他功能的测量，如图 7-53 所示。

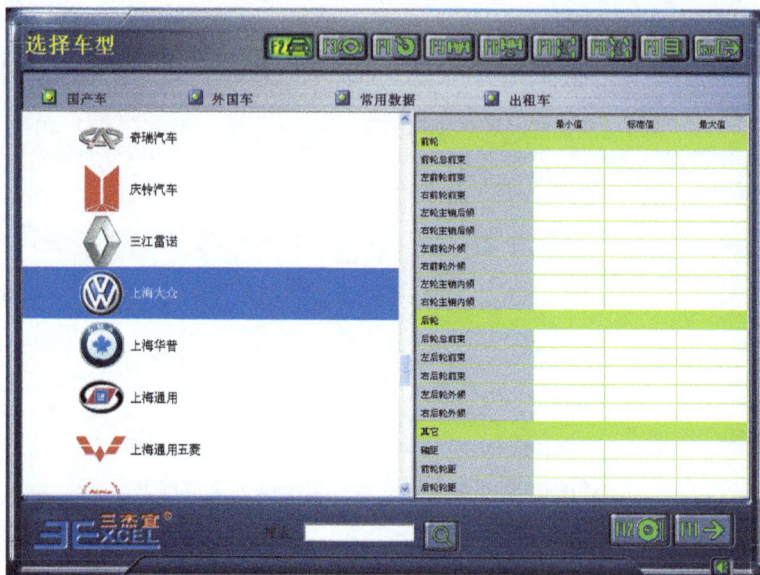

▲图 7-53　选择车型

注意：车型选择时要保证其正确性。

在使用底盘高度测量模式时，对于需要采用测量底盘高度来执行定位检测的车辆来说，当选择相应车型时，系统会弹出一个提示对话框，要求操作人员根据屏幕提示，用测量工具，如卷尺，测量屏幕所提示位置的高度，并把相应的测量数据输入到对应的文本框内。

输入轮胎直径，当前束用毫米或英寸为单位时，请单击"轮胎直径"按钮或按【F12】键重新输入轮胎直径，如图 7-54 所示。

也可以直接输入轮胎型号，系统将自动计算轮胎直径，如图 7-55 所示。

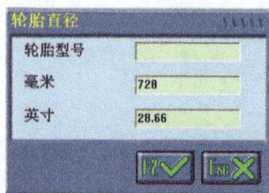

▲图 7-54　输入轮胎直径

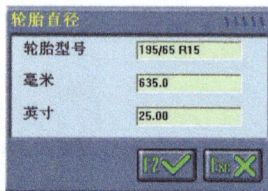

▲图 7-55　直接输入轮胎型号

在车辆定位过程中，偏心补偿是一个非常重要的步骤，它是为了减小由于钢圈的变形和轮夹的安装而引起的误差。建议每次测量时都选择该操作步骤，以提高测量精度。

做偏心补偿前，取下制动踏板压紧器，用二次举升举起车身，使车轮处于自由旋转状态。把各测量探头调平并锁紧。

偏心补偿的详细操作步骤如下：

松开测量探头，转动车轮连同轮夹，让轮夹基本处于垂直状态后，将整个总成保持在这个位置。按下测量探头显示面板上的"偏心补偿"按键后，"偏心补偿"按键上的指示灯 1 开始闪烁，屏幕提示该车轮处于 0°状态，并弹出水平泡，提示调平测量探头。当调平并锁紧测量探头后，指示灯 1 保持长亮，同时屏幕提示把该车轮旋转 180°。

松开测量探头，把车轮连同轮夹一起向车辆前进方向转动 180°后，将整个总成保持在这个位置。再按下测量探头显示面板上的"偏心补偿"按键，当"偏心补偿"按键上的指示灯 2 闪烁后，屏幕提示该车轮处于 180°状态，并弹出水平泡，提示调平测量探头，当调平并锁紧测量探头，指示灯 2 保持长亮，同时屏幕提示该车轮处于 OK 状态。该车轮的偏心补偿结束，如图 7-56 所示。

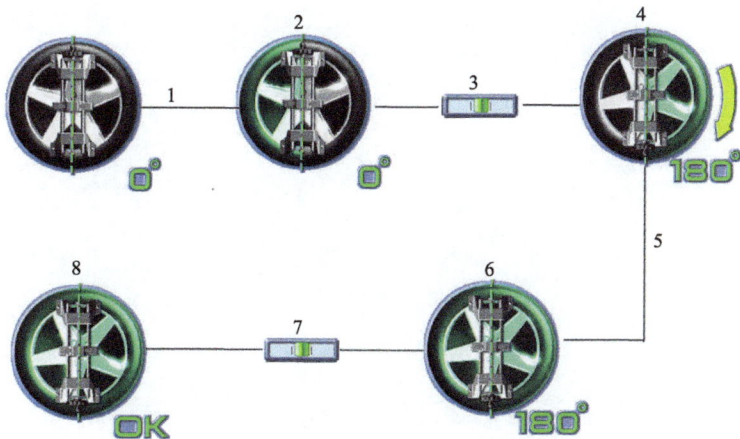

△图 7-56 偏心补偿

再按下测量探头显示面板上的"偏心补偿"按键，指示灯 1 和指示灯 2 熄灭。其他车轮的偏心补偿重复以上步骤即可。

（4）主销测量与调整。单击"主销测量"按钮或按【F4】键进入主销测量程序，然后根据屏幕提示的动画和文字操作即可。如果操作人员不想做主销测量，可以直接单击主销测量按钮后面的其他功能按钮进入其他功能的测量。

主销测量的详细操作步骤如下：

① 根据屏幕提示，压紧制动踏板，松开转向盘固定架，调平并锁紧测量探头。

② 根据屏幕提示将转向盘打到中间位置，让红色滑块进入中间的绿色区域，如图 7-57 所示。

注意：在转向盘正前打直前，必须先左右转动几次转向盘后再把转向盘调整到正前打直状态。

③ 根据屏幕提示，向左转动转向盘，当滑动块进入左边的绿色区域后，稳定住转向盘，直到屏幕提示向右转动转向盘为止，如图 7-58 所示。

△图 7-57　对中转向盘

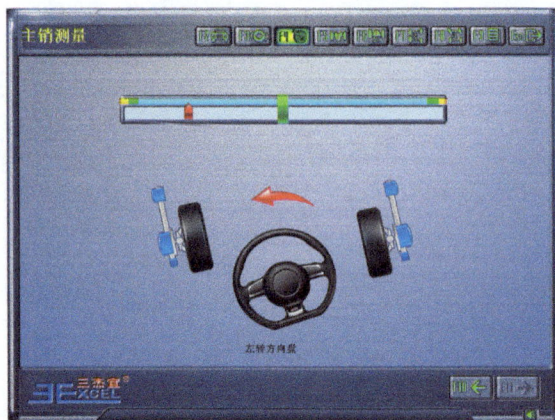

△图 7-58　向左转动转向盘

④ 根据屏幕提示，向右转动转向盘，当滑动块进入右边的绿色区域后，稳定住转向盘，直到屏幕提示回正转向盘为止，如图 7-59 所示。

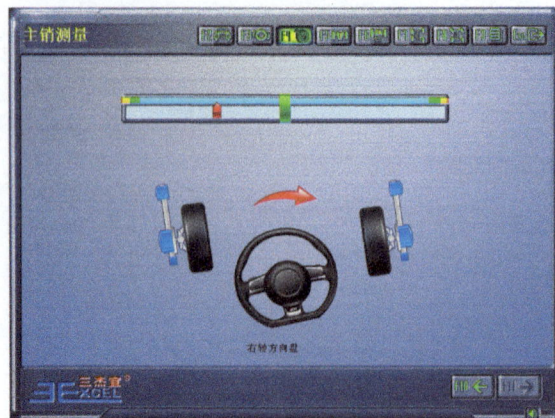

△图 7-59　向右转动转向盘

注意：操作人员不可以坐到汽车里面操作，应站在外面，并注意双腿不能挡传感器通信连接光点，如图 7-60 所示。

图 7-60　操作转向盘的注意事项

根据屏幕提示，向左转动转向盘，当滑动块进入左边的绿色区域后，稳定住转向盘，直到屏幕提示向右转动转向盘为止，如图 7-61 所示。

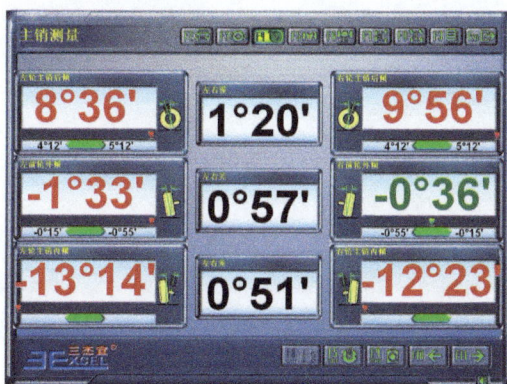

图 7-61　屏幕显示主销测量结果

在主销测量结果界面，单击"详细数据"按钮或按【Ctrl+F4】组合键进入主销、前轮和后轮定位参数的查看界面，如图 7-62 所示。

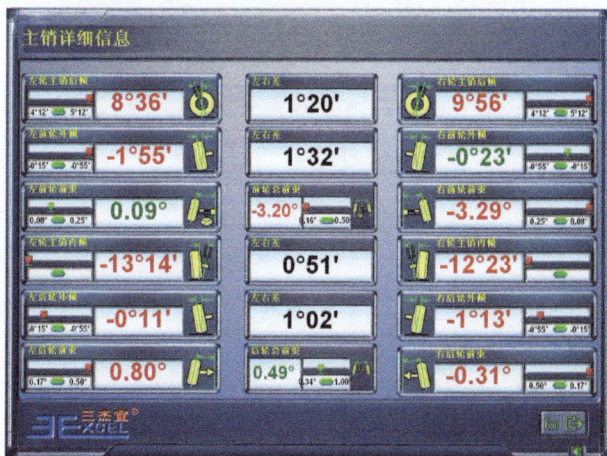

图 7-62　定位参数查看界面

（5）主销动态调整。在主销测量结果界面，单击"动态主销"按钮或按【Ctrl+F5】组合键进入主销动态测量与调整界面，如图 7-63 所示。

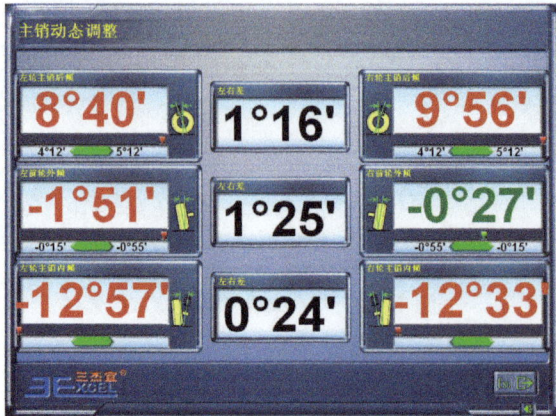

△图 7-63　主销动态测量与调整界面

（6）后轴（即后桥）测量与调整。单击"后轴测量"按钮或按【F5】键进入后轴测量程序，然后根据屏幕提示的动画和文字操作即可。后轴的测量结果与调整界面如图 7-64 所示。操作人员根据界面提示信息，把车辆的相应定位参数的实际测量值调整到标准值范围内即可，如图 7-64 所示。

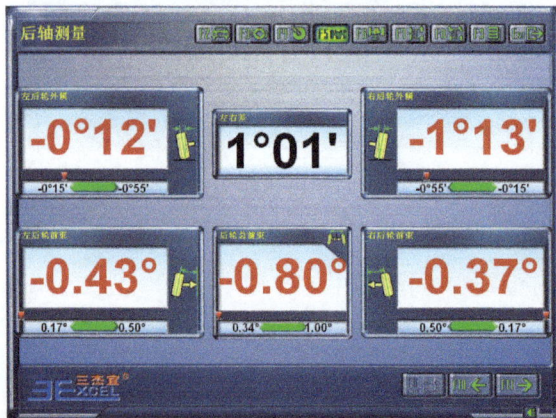

△图 7-64　后桥测量与调整界面

（7）前轴（即前桥）测量与调整。单击"前轴测量"按钮或按【F6】键进入前轴测量程序，然后根据屏幕提示的动画和文字操作即可。前轴的测量结果与调整界面如图 7-65 所示。根据界面提示信息，把车辆的相应定位参数的实际测量值调整到标准值范围内即可。

注意：为了保证前轮前束测量和调整正确，在测量前束前，必须把转向盘左右转动几次后再调平转向盘，并用转向盘固定架将其固定好。

（8）举起车身调整。在调整车辆外倾角或前束比较费劲时，可单击"举升调整"按钮或按【Ctrl+F7】组合键进入举升调整功能。操作人员只要根据界面提示，顺序往下操作即可。

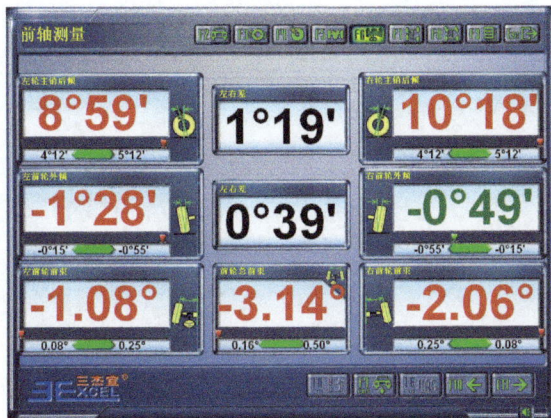

▲图 7-65　前轴测量与调整界面

（9）转角测量。单击"转角测量"按钮或按【F8】键进入转角测量界面如图 7-66 所示。在该界面下有 2 个选项：20 度转向前展差和最大转向角。当选择相应的功能后，根据屏幕上的动画和文字提示操作即可。

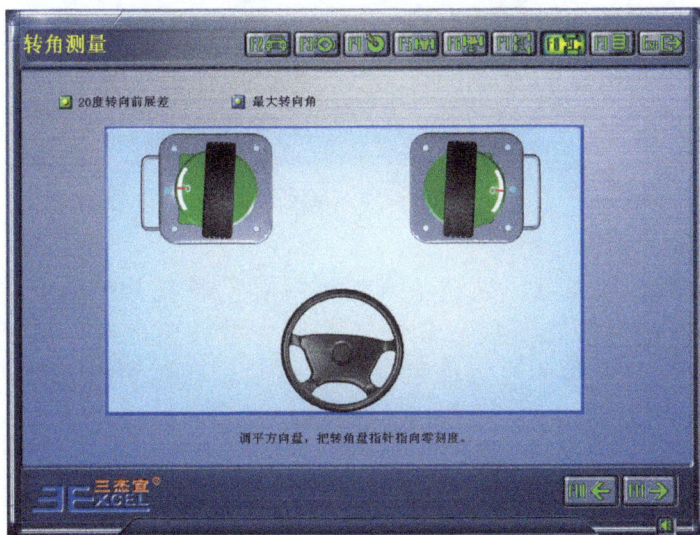

▲图 7-66　转角测量界面

注意：在测量转角前需要把测量探头从车轮上取下来。当没有配电子转角盘时，操作人员需要手工把左 / 右转角盘所转的实际角度分别输入到系统提示界面对应的文本框内。

（10）扩展测量。单击"扩展测量"按钮或按【F7】键进入扩展测量界面，然后根据界面上的动画和文字提示操作即可。扩展功能主要完成轮距偏差（角）、轴距偏差（角）、前退缩角、后退缩角、左横向偏位和右横向偏位等参数的测量，如图 7-67 所示。

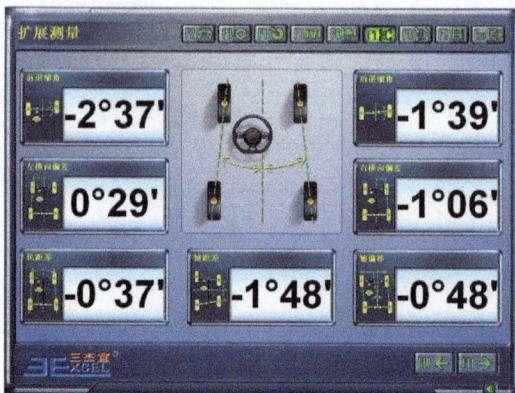

图 7-67　扩展测量结果

Step 3　调整前束

如果在检查时出现故障数据后应进行调整，如图 7-68 所示，调整后再进行一次快速检测。

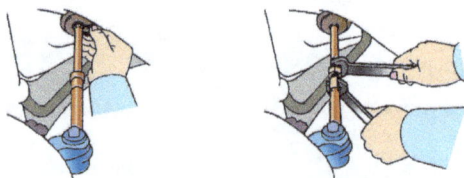

图 7-68　调整前束

Step 4　调整后轮外倾角

后轮前束量若不合规范，须调整车轮钢圈和凸轮托架的角套之间的距离，如图 7-69 所示，并确认两边长度应相同。若前束量偏向前展，则调整凸轮以增长较短臂；反之，若前束量为过渡前束，则调整凸轮以缩短较长臂。（注：每一凸轮刻度大约改变前束 1.5 mm。）

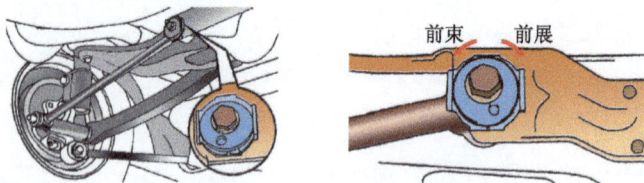

图 7-69　转动凸轮调整后轮外倾角

综 合 测 验

一 实力测验

是非题

（　　）1. 轮胎压力规定为 2 kgf/cm²，换算成英制为 29.4 psi（磅力每平方英寸）。

（　　）　2. 汽车高速行驶前充填轮胎气压应比正常稍高（约 0.2 kgf/cm^2）。

（　　）　3. 轮胎面两边磨损严重是气压过低所造成的。

（　　）　4. 为减少轮胎不正常磨损，必须实施定期调位。

（　　）　5. 轮胎气压过高会造成轮胎不正常磨损。

（　　）　6. 通常将新轮胎换装到后轮，如此可使轮胎使用寿命增加。

（　　）　7. 轮胎气压过低，会使胎面中央部磨损。

（　　）　8. 轮胎磨损在胎面两边时，表示轮胎气压过高。

（　　）　9. 轮胎应先做动平衡，再做静平衡。

（　　）　10. 辐射层式轮胎应前后调位。

选择题

（　　）　1. 如右图所示，右前轮轮胎不正常磨损，其故障原因是什么？

　　　　　　（A）胎压太高　　　　　　　（B）胎压太低

　　　　　　（C）负外倾向　　　　　　　（D）轮胎平衡不良

（　　）　2. 汽车行驶后轮胎气压刚好符合标准胎压时，表示什么？

　　　　　　（A）轮胎气压过高　　　　　（B）轮胎气压不足

　　　　　　（C）轮胎气压正确　　　　　（D）以上皆非

（　　）　3. 轮胎胎面中央部分产生磨耗的原因是什么？

　　　　　　（A）气压过高　　　　　　　（B）气压过低

　　　　　　（C）荷载过多　　　　　　　（D）前束调整不良

（　　）　4. 轮胎胎面两边产生磨耗的原因是什么？

　　　　　　（A）荷载过多　　　　　　　（B）气压过低

　　　　　　（C）制动调整不均　　　　　（D）气压过高

（　　）　5. 轮胎不正常磨耗的主要原因是什么？

　　　　　　（A）内倾角过大　　　　　　（B）后倾角不平均

　　　　　　（C）前束不正确　　　　　　（D）车轮不平衡

（　　）　6. 以 A 表示斜层式轮胎，以 B 表示辐射层式轮胎，则前后车轮该使用哪种类型轮胎？

　　　　　　（A）前轮用 B，后轮用 A　　　（B）前轮用 A，后轮用 B

　　　　　　（C）A 与 B 左右交叉使用　　　（D）A 与 B 不可同时使用

（　　）　7. 在前轮定位中，如果前束调整不当时，下列何者较不受其影响？

　　　　　　（A）转向盘抖动　　　　　　（B）车辆无法直线行驶

　　　　　　（C）轮胎加速磨损　　　　　（D）转向盘操纵不易

（　　）　8. 如果轿车左右两前轮的后倾角角度调整不相同时，可能导致的状况，下列叙述哪项不正确？

　　　　　　（A）车辆直行时，转向盘置于中立位置后放手，车身拉向一侧

　　　　　　（B）车辆直行时，踩制动踏板，车身会拉向一侧

　　　　　　（C）当左右前轮后倾角角度相差太大时，车辆行进时会前轮上下振动

　　　　　　（D）轮胎胎面的中心磨耗

(　) 9. 欲将一部轿车驶入车库内停车时，发现从右边转动转向盘，车辆就可一次进入车库；相反地，若从左边转动转向盘，车辆却无法一次就进入车库内，如此先处置下列哪一项最为合理？
（A）更换左右减振器　　　（B）检测转向盘的空挡间隙
（C）重新调整前束　　　　（D）检测转向盘的中立位置

(　) 10. 下列哪一个轮胎胎面的磨耗特征是由于轮胎胎压不足所引起的？

（A）　　　　（B）　　　　（C）　　　　（D）

(　) 11. 右图所示为前轮的转向机构，若松开拉杆锁紧螺母并转动拉杆，试问此一动作是在调整以下哪一项？
（A）外倾角　　　　　　　（B）内倾角
（C）后倾角　　　　　　　（D）前束

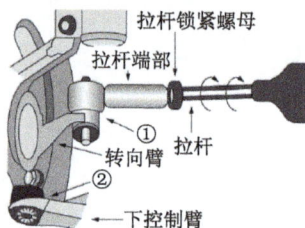

(　) 12. 无内胎的轮胎有小的裂痕或穿孔漏气时，下列修复方法哪种最快速？
（A）胶片补胎法　　　　　（B）胶条补胎法
（C）热补胎法　　　　　　（D）胶水补胎法

(　) 13. 使用拆胎机安装轮胎时，常在钢圈与胎唇间涂抹下列哪种物质，以利于轮胎组合？
（A）去渍油　　　（B）除锈剂　　　（C）肥皂水　　　（D）密封胶

问答题

1. 辐射层式轮胎只能以何种方式进行轮胎调换？
2. 轮胎的使用寿命与什么有密切关系？
3. 轮胎胎压的检查要领是什么？
4. 操作拆胎机分解组合车轮时，须注意哪些事项？
5. 实施车轮平衡前，须先检查哪些事项？
6. 橡皮塞补漏法的实施要领是什么？
7. 球接头的检查要领是什么？
8. 下控制臂的检查要领是什么？

二 练习题库

选择题

(　) 1. 影响轮胎使用寿命最大的因素是什么？
（A）低速行驶　　　　　　（B）高速行驶
（C）胎压过低或过高　　　（D）后倾角不正确

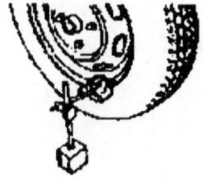

（　　）2. 右图是实施车轮的哪项操作？

　　　　（A）检查轮胎的磨损量

　　　　（B）检查轮胎的不平度

　　　　（C）检查钢圈的磨损量

　　　　（D）检查钢圈的偏摇量

（　　）3. 一般轮胎的胎纹深度，剩下多少时必须更换新胎？

　　　　（A）3.5mm　　　　　　　　（B）2.0mm

　　　　（C）1.6mm　　　　　　　　（D）1.2mm

（　　）4. 轮胎静平衡不良时，汽车行驶会如何？

　　　　（A）左右摆动　　　　　　　（B）斜向运动

　　　　（C）没有影响　　　　　　　（D）上下振动

（　　）5. 转向节角度与哪项有密切的关系？

　　　　（A）前束　　　　　　　　　（B）后倾角

　　　　（C）轮胎外倾角　　　　　　（D）前展

（　　）6. 调整横拉杆可改变什么？

　　　　（A）外倾角　　　　　　　　（B）后倾角

　　　　（C）内倾角　　　　　　　　（D）前束

第8章
底盘定期保养

Chapter
8

本章学习重点

底盘定期保养的主要项目有：

1. 熟练底盘定期保养项目与时程。
2. 熟练底盘定期保养作业要领。

相关知识 ⚙

为确保定期保养作业的安全与正确，须确实遵守下列事项：

（1）如图 8-1 所示，使用叶子板护套、椅套、地板垫以保持车辆洁净，并防止损坏。

▲图 8-1 使用叶子板护套、椅套、地板垫以保持车辆洁净

（2）将车辆顶起时，须用止挡块挡住车轮以防车辆移动，并用三脚架放置在车身侧梁的下方，或将顶车机的安全爪卡住在齿槽内，以确保安全。

（3）油封、垫片、衬料、O 形环、锁紧垫圈、开口销、自锁螺母须按规定换新，旧品不得再使用。

（4）分解时，应把零件按顺序放置好，以便装配；装配时，如有必要，在螺钉上加以密封胶，以防泄漏，如图 8-2 所示，并使用扭力扳手依规范扭力予以锁紧。

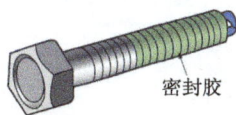

▲图 8-2 在螺钉上加以密封胶，以防泄漏

（5）底盘定期保养的时期，视天气状况、路面、个人驾驶习惯及车辆用途的情形而增减里程或月（时间）数；其中又以首次 3 000 km 的保养最为重要，也是确保车辆维持在最佳状态的主要因素之一。

（6）底盘定期保养的项目与时期如下：

① 发动机室内保养作业时期

千公里	1	10	20	30	40	50	60	70	80	备注
月 数 / 项 目	—	6	12	18	24	30	36	42	48	
检查制动、自动变速器及转向齿轮等的油面是否漏油		√	√	√	√	√	√	√	√	
更换制动油			√		√		√		√	
检查制动辅助器真空软管、接头及止回阀					√				√	
检查动力转向液面及管路		√	√	√	√	V	√	√	√	

❷ 车辆底盘的保养时期

千公里		1	10	20	30	40	50	60	70	80	备注
月 数 项 目		—	6	12	18	24	30	36	42	48	
检查制动、离合器、燃料及排气等系统装配是否适当,有无漏油(气)、裂缝、擦伤、摩擦、腐蚀等			✓	✓	✓	✓	✓	✓	✓	✓	
检查手动变速器齿轮油量,并予更换	检查（I）		✓	✓	✓		✓	✓	✓		
	更换（R）					✓				✓	
检查转向齿轮机及其连杆悬架组件及传动轴,后桥驱动轴等是否损坏、松动,零件有无失落及润滑情形		✓		✓		✓		✓		✓	

❸ 车内与车外保养时期

千公里	1	10	20	30	40	50	60	70	80	备注
月 数 项 目	—	6	12	18	24	30	36	42	48	
检查轮胎状况	✓									
检查前轮定位,必要时使钢圈定位并予平衡			✓		✓		✓		✓	
检查盘式制动及其他制动组件有无磨耗、腐蚀与漏油		✓	✓	✓	✓	✓	✓	✓	✓	
检查制动鼓、制动片及其他制动组件有无磨耗、腐蚀与漏油			✓		✓		✓		✓	
检查后轮轴承的黄油					✓				✓	
门锁、铰链及发动机盖闩各涂以黄油		✓	✓	✓	✓	✓	✓	✓	✓	
检查座椅安全带、扣环、伸缩器及调整器			✓		✓		✓		✓	
查脚制动、驻车制动与离合器有无游隙,行程是否正确,功能是否良好		✓	✓	✓	✓	✓	✓	✓	✓	

技能项目 ⚙

实习名称	底盘定期保养	实习目标	（1）熟练底盘定期保养项目与时程。 （2）熟练底盘定期保养作业要领
使用器材	一般手工具、套筒组、扭力扳手、钢直尺、弹簧秤、实习车辆	技能鉴定	定期保养第 9 题（见附录 A）：检查安全带动作。 定期保养第 11 题（见附录 A）：检查发动机室各项油类（机油、ATF、制动油、动力转向机油）。 定期保养第 16 题（见附录 A）：目视检查制动片厚度，制动圆盘，软管状况。 定期保养第 18 题（见附录 A）：检查底盘螺钉扭力（由监评人员指定 2 个位置）。 定期保养第 21 题（见附录 A）：检查传动轴套、横拉杆、球接头

🛠 操作步骤

Step 1　检查离合器性能

（1）检查离合器分离拉索、连接杆等有无破损、损坏等不良情形。

（2）检查离合器踏板高度、拨叉游隙、离合器踏板自由行程及作用否顺畅；必要时，调整离合器踏板高度及拨叉游隙。可参阅 2.3 节。

Step 2　检查手动变速器

（1）检查手动变速器齿轮油液面时，不可起动发动机，如图 8-3 所示。

（2）更换手动变速器齿轮油。可参阅 2.6 节。

Step 3　检查自动变速器

（1）检查液面高度：

① 如图 8-4 所示，量油尺有 HOT 及 COLD 设计，油液温度在 50 ~ 80℃ 的车辆在开动约 10 min 之后，用 HOT 的刻度检查液面高度；而油液温度在 30~50 ℃时，用 COLD 的刻度检查液面高度。

② 检查时，须将车停在平坦地面上，拉起驻车制动拉杆后，起动发动机，然后移动变速杆经过每个挡位，最后停在 P（驻车）变速位置；之后，拉起量油尺，并用无棉花性质（以免将棉絮沾黏到自动变速器内）的纸清洁后，放入量油尺到定位，再拉出量油尺检查其液面高度。

（2）检查油液状况：如图 8-5 所示，以目视及嗅觉检查自动变速器油液是否呈现黑色、白色或有烧焦味等；若有，则摩擦材料（如离合器、制动带等）必须更换。

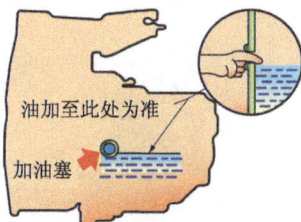

▲图 8-3　检查变速器齿轮油液面高度

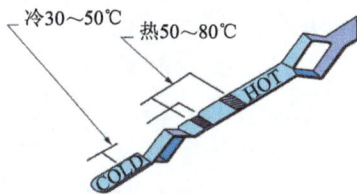

▲图 8-4　自动变速器量油尺有冷、热不同的适用刻度

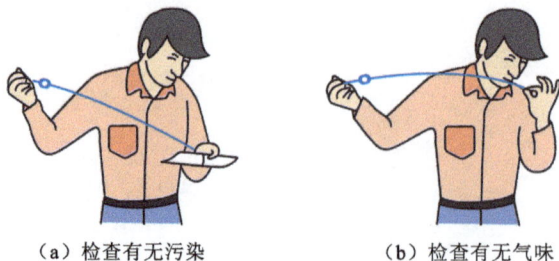

（a）检查有无污染　　　　（b）检查有无气味

△图 8-5　检查液油状况

Step 4　检查前轴及前悬架

（1）根据顶车要领顶起车辆前端。

（2）如图 8-6 所示，摇动各前轮，检查前轴及前悬架组件有无松动磨损或损坏。

（3）如图 8-7 所示，检查前轴或前悬架（如减振器、球接头防尘套等）有无磨损、损坏或漏油。

（4）检查驱动轴防尘套及轴体是否有裂痕、变形或破裂漏油等，必要时修理或更换。

△图 8-6　检查前轮轴承

（5）如图 8-8 所示，根据规范扭力旋紧各螺母、螺栓等。

 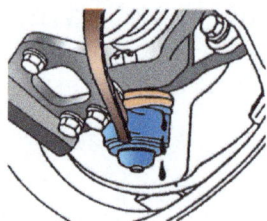 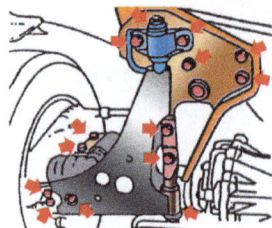

（a）减振器漏油　　　（b）球接头漏油

△图 8-7　检查前轴或前悬架有无损坏或漏油　　　△图 8-8　根据规范扭力旋紧各螺母、螺栓

Step 5　检查制动系

（1）检查制动油液面高度及是否泄漏，如图 8-9 所示，制动油应添加到 MAX 线；如液面过低，应检查制动系是否漏油。

（2）每年或每行驶 20 000 km 更换制动油（依先到者为准）。

（3）如图 8-10 所示，检查制动增压器真空管、接头及单向阀是否泄漏、损伤。

增加到MAX线

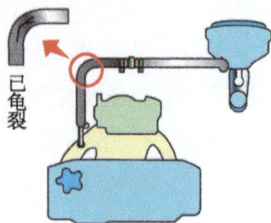

已龟裂

△图 8-9　检查制动油液面高度　　　　△图 8-10　检查制动增压器真空管、接头及单向阀

（4）如图 8-11 所示，检查制动油管、驻车制动拉索有无漏油及损坏。

（5）检查制动片的厚度。制动片厚度须大于 2.00 mm 。

（6）如图 8-12 所示，检查制动踏板高度 H、踏板游隙 A 及踩下踏板后的高度 S 须合乎规范。

推杆
制动灯开关
固定螺母
1.2～1.5 kgf·m
A
固定螺母
1.6～2.2 kgf·m
S
H

⚠图 8-11　检查制动油管及驻车制动拉索

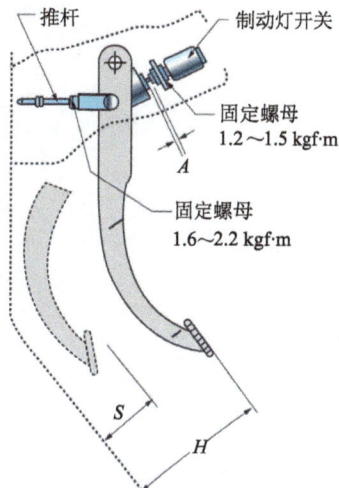

⚠图 8-12　检查制动踏板高度、踏板游隙及踩下踏板后的高度

（7）检查驻车制动拉杆是否灵活，其响数须合乎规范（7～8 响）。

Step 6　检查钢圈及轮胎

（1）检查胎纹磨损情形，若磨损记号露出时，须更换轮胎。

（2）检查胎纹及侧面有无裂纹、穿孔或损伤，严重时须更换；另由胎纹的磨损情形，判断车况、路况及驾驶习惯。

（3）检查气嘴有无漏气。

（4）检查胎压，胎压须在轮胎未发热时检查。

（5）轮胎行驶一段时间后，须实施轮胎调位，可使轮胎磨损均匀。

（6）检查钢圈凸起部与胎唇座，是否有泥土、变形、裂缝或造成漏气的状况；必要时予以更换。

Step 7　检查转向系

（1）检查转向连杆组有无松动、磨损或损坏，必要时，重新旋紧或更换。

（2）如图 8-13 所示，检查动力转向系的液面高度，不可添加过度。

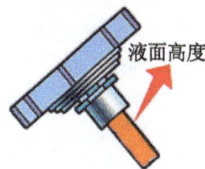

液面高度

⚠图 8-13　检查动力转向系的液面高度

（3）检查动力转向系管路是否漏油，及传送带紧度是否合乎规范。

Step 8　检查座椅安全带、扣环、伸缩器及调整器

（1）如图 8-14 所示，检查安全带是否损坏、锚座装置是否松动、牵引器（伸缩器及调整器）是否操作顺畅，及扣夹的功能是否正常等。

（2）检查安全带扣好和放松时，扣环及舌扣功能是否正常。

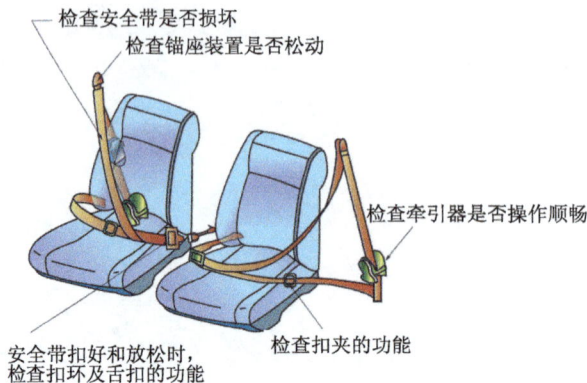

检查安全带是否损坏
检查锚座装置是否松动
检查牵引器是否操作顺畅
检查扣夹的功能
安全带扣好和放松时，检查扣环及舌扣的功能

△图8-14　检查安全带装置

技能鉴定

第1题　定期保养第9题：检查安全带动作
第2题　定期保养第11题：检查发动机室各项油类（机油、ATF、制动油、动力转向机油）
第3题　定期保养第16题：目视检查制动片厚度，制动圆盘、软管状况
第4题　定期保养第18题：检查底盘螺钉扭力（由监评人员指定2个位置）
第5题　定期保养第21题：检查传动轴套、横拉杆、球接头

（1）试题说明、评审要点、评审表等可参阅附录A。
（2）操作精度：扭力扳手为±10％读数。
（3）测试表：

工作项目	检查结果（应检人填写）（不正常时于备注栏位填写位置或零件）				评审结果（监评人员填写）		
	规范值	测量值	正常	不正常	合格	不合格	备注
检查安全带作动	×	×	（　）	（　）			
发动机室各项油类（机油、ATF、制动油、动力转向机油）	×	×	（　）	（　）			
目视检查制动片厚度，制动圆盖、软管状况	×	×	（　）	（　）			
检查底盘螺钉扭力（监评人员指定2个位置）	(1)_____	(1)_____	（　）	（　）			
	(2)_____	(2)_____	（　）	（　）			
检查传动轴套、横拉杆、球接头	×	×	（　）	（　）			

综 合 测 验

一 实力测验

是非题

( ) 1. 汽车底盘定期保养须视天气状况、路面、个人驾驶习惯及车辆用途而增减里程或月（时间）数。

( ) 2. 汽车座椅安全带、扣环、伸缩器及调整器的检查时期是每年 1 次。

( ) 3. 车辆使用愈久，离合器踏板愈低。

( ) 4. SAE90 齿轮油适用于南方冬天。

( ) 5. 自动变速器量油尺有冷热不同的适用刻度。

( ) 6. 检查前轮时，在踩住制动踏板的状态下，前轮仍有松动的现象称为前轮轴承松脱。

( ) 7. 当制动片磨损时，驻车制动拉杆的拉出距离会变短。

( ) 8. 轮胎行驶一段时间后，须实施轮胎调位，其中辐射层式轮胎的调位方式是左右对调。

( ) 9. 当动力转向机油温度在 60～80 ℃ 时，量油尺油面高度应在 HOT 的刻度。

( ) 10. 以目视及嗅觉检查自动变速器油时，若已呈现黑色、白色或有烧焦味时，摩擦材料（如离合器、制动带等）必须更换。

选择题

( ) 1. 车主于路边利用自备千斤顶更换后轮轮胎时，下列动作哪项错误？
（A）拉起驻车制动拉杆并将变速器挡位排入 P 挡
（B）利用止挡块顶住前轮
（C）顶起车身前，将车胎螺钉全部取下
（D）降下车身，移除千斤顶后才锁紧轮胎螺钉

( ) 2. 下列何种机件不属于离合器的操纵机件？
（A）拨叉杠杆 　　　　　（B）拨叉
（C）向导轴承 　　　　　（D）分离轴承

( ) 3. 变速器内齿轮油量超过规定会发生什么？
（A）消耗动力，齿轮油漏至离合器
（B）变速器发热
（C）换挡困难
（D）容易跳挡

( ) 4. 制动油应多长时间更换？
（A）每 3 个月 　　　　　（B）每 6 个月
（C）每 1 年 　　　　　（D）每 3 年

( ) 5. 下列对制动油的叙述哪项正确？

（A）可回收使用 　　　　　（B）不会沸腾

（C）不同厂牌，不可混合使用　（D）不会侵蚀油漆表面

（　）6. 装用辐射层式轮胎的车辆，高速行驶时的轮胎压力应比正常轮胎压力如何？

（A）稍高 　　　　　　　　　（B）稍低

（C）相同 　　　　　　　　　（D）与车速无关

（　）7. 车辆胎面中央部分磨损较严重，其可能原因是什么？

（A）胎压过低 　　　　　　　（B）胎压过高

（C）车轮定位不良 　　　　　（D）悬架系不良

（　）8. 油压式动力转向装置的油压泵由哪项驱动？

（A）发动机 　　　　　　　　（B）转向盘

（C）转向连杆 　　　　　　　（D）转向摇臂

（　）9. 动力转向系若油泵失效，则会发生什么？

（A）无法转向 　　　　　　　（B）转向盘变重

（C）转向时会有异响 　　　　（D）以上皆非

问答题

1. 一经拆卸后，须按规定换新的零件有哪些？

2. 自动变速器油液状况的检查要领是什么？

3. 钢圈及轮胎的检查项目有哪些？

二　练习题库

选择题

（　）1. 汽车定期检查保养表中，10 000 km 时动力转向机液压油油量检查的服务代号为 I 表示什么？

（A）更换 　　　　　　　　　（B）清洁

（C）检查 　　　　　　　　　（D）调整

（　）2. 汽车定期检查保养表中，30 000 km 时汽车轮胎检查的服务代号为 A 表示什么？

（A）更换 　　　　　　　　　（B）清洁

（C）润滑 　　　　　　　　　（D）调整

（　）3. 汽车定期保养表中，服务代号为 C 表示机件需要什么？

（A）更换 　　　　　　　　　（B）调整

（C）检查 　　　　　　　　　（D）清洁

（　）4. 现代一般乘用车每隔多少千米实施定期保养？

（A）10 000 km 　　　　　　　（B）20 000 km

（C）30 000 km　　　　　　　　　（D）40 000 km

（　　）5. 每次做汽车定期保养时，在轮制动部分必须检查什么？

（A）碟盘厚度　　　　　　　　　（B）碟盘偏摆度

（C）碟盘不平度　　　　　　　　（D）制动片厚度

（　　）6. 按车型使用手册的规定，下列哪项不属于定期保养的工作项目？

（A）检查发动机机油泵　　　　　（B）检查传动轴防尘套

（C）检查动力转向油管　　　　　（D）检查动力转向作用

（　　）7. 按车型使用手册的规定，下列哪项不属于定期保养的工作项目？

（A）更换制动片　　　　　　　　（B）更换机油

（C）更换燃油泵　　　　　　　　（D）更换火花基

（　　）8. 按车型使用手册的规定，下列哪项不属于定期保养的工作项目？

（A）更换制动片　　　　　　　　（B）更换正时传送带

（C）更换减振器　　　　　　　　（D）更换风扇传送带

（　　）9. 按车型使用手册的规定，下列哪项不属于定期保养的工作项目？

（A）更换火花塞　　　　　　　　（B）更换机油滤清器

（C）更换发电机　　　　　　　　（D）检查轮胎气压

（　　）10. 液压离合器所使用的液压油是什么？

（A）黄油　　　　　　　　　　　（B）制动油

（C）自动变速器油　　　　　　　（D）机油

（　　）11. 汽车各种用油中，Dexron Ⅲ为下列哪一种油的规格？

（A）黄油　　　　　　　　　　　（B）自动变速器油

（C）制动油　　　　　　　　　　（D）汽油

（　　）12. 检查自动变速器油量时，发现油中有烧焦味，其可能损坏的组件是什么？

（A）制动带　　　　　　　　　　（B）油泵总成

（C）单向离合器　　　　　　　　（D）扭力接合器

（　　）13. 液压制动系中应经常保持下列哪一状况为最正确？

（A）1/2 的油量　　　　　　　　（B）储油室满油状态

（C）适当的空气　　　　　　　　（D）适当的油量

附　录

附录A　实车操作

一、题目

实车操作。

二、说明

（1）本试题在应检报到时，由应检人先行从下列"定期保养及维修操作"各抽出应检的工作岗位及项目，勾选于测试表（二）及填写领料记录后，至应检工作岗位报到时进行领料作业（含机油及机油滤清器领取），经监评人员评分再行继续执行应检操作。

（2）本试题应检时，应检人须依手工具清单测试表（一），先行进行手工具的清点工作，将设置2项手工具问题（如有项目短少、数量短缺、规格及功能不正常），应检人需进行清点确认，并完成测试表（一）填写。

（3）本试题使用提供的工具、仪器（含车用诊断测试器、使用手册）、修护手册及电路图由应检人依修护手册操作程序内容实施润滑、检查、调整或更换指定的定期保养及维修操作，并完成测试表（二）填写。

（4）应检人应检时的基本数据填写、阅读试题、发问、工具准备、操作测试、测试表填写（限已完成的工作内容）及工具、设备、护套归定位等，时间为60 min。

（5）为保护检定场所的蓄电池及相关设备，起动发动机每次不得超过10 s，再次起动时必须间隔5 s以上，且不得连续起动2次以上。

（6）应检前监评人员应先将车用诊断测试器联机至检定车辆，并确认其通信正常；应检人可要求指导车用诊断仪器的使用，但操作测试时间不予扣除。

（7）应检人须依测试表的定期保养及维修操作项目逐项实施作业并记录于测试表（二）内，对其他检查或维修操作有相互影响时，则须先行检查或调整至正常，符合厂家规定状态再行进行其他指定的应检项目。

例：定期保养若抽中副散热器检查且维修操作为更换副散热器，则需先进行副散热器的检查后，再行更换副散热器。

（8）测试完毕，工具、仪器归位，整理现场。

三、应检项目

1. 定期保养

第1题、第2题为必选项目，另从第3题～第21题项抽出4项，操作项目共计6项；监评人员由定期保养的4个检查项目（除机油及机油滤清器2项外）中设置1个项目为不正常项目。

第1题：更换发动机油（必选项目）

第2题：更换机油滤芯（必选项目）

第3题：检查驻车制动行程

第4题：检查制动踏板

第 5 题：检查冷气动作（出风量、冷度、方向模式）

第 6 题：检查各种灯光（远光灯、近光灯、转向灯、制动灯、小灯、雾灯、室内灯、倒车灯、驻车灯）

第 7 题：检查车门电动车窗（全数检查）

第 8 题：检查刮水器动作（含喷嘴喷水角度、前挡清洁）（全数检查）

第 9 题：检查安全带动作

第 10 题：检查轮胎胎压及胎纹（全数检查）

第 11 题：检查发动机室各项油类（机油、ATF、制动油、动力转向机油）

第 12 题：检查发动机室各类水类（散热器水、副散热器水、刮水器、蓄电池水）

第 13 题：检查与清洁空气滤清器

第 14 题：检查发动机室各类管路、线路

第 15 题：检查传送带（发电机、压缩机、动力转向）

第 16 题：目视检查制动片厚度，制动圆盘、软管状况

第 17 题：检查点火正时、基本怠速

第 18 题：检查底盘螺钉扭力（由监评人员指定 2 个位置）

第 19 题：检查仪表各种警告灯状态

第 20 题：检查喇叭动作

第 21 题：检查传动轴套、横拉杆、球接头

2．维修操作

（从下列项目中抽出 1 项操作，试题抽到柴油发动机者，再由柴油发动机相关项目 3 抽 1 应检，工作完成后须依测试表（二）填写答案。）

第 1 题：汽车底盘相关项目

（1）更换指定前减振器总成。

（2）更换指定鼓式制动片。

（3）更换指定盘式液压制动系制动分泵。

（4）调整驻车制动。

（5）车轮换位（更换备胎）。

（6）更换指定消音器固定橡皮。

第 2 题：汽车发动机相关项目：

（1）更换汽油滤清器及检查燃油压力。

（2）更换汽油喷射发动机感知器［指定 MAF（空气流量计）或 MAP（进气压力传感器）］。

（3）更换点火线圈及火花塞。

（4）更换副散热器。

第 3 题：汽车电器系统相关项目

（1）更换起动电动机。

（2）更换指定电动后视镜总成。

（3）跨接起动及保养、更换蓄电池（不断电方式）。

（4）更换发电机传送带。

（5）测量冷媒压力刮水器（R134a）（测试条件依手册）。

（6）更换刮水器臂、刮水器片。

（7）更换指定前照灯灯泡。

（8）更换指定后尾灯总成。

（9）更换制动灯开关。

（10）更换电风扇继电器与熔丝。

（11）更换指定车门饰板。

第4题：柴油发动机相关项目

（1）更换指定喷油器总成并起动发动机（架上VE柴油发动机）

（2）量测指定气缸压缩压力（架上VE柴油发动机）

（3）更换指定预热塞（架上VE柴油发动机）

四、评审要点

（1）操作时间：定期保养与维修操作合计共60 min。操作时间终了，经监评人员制止仍继续操作者，则扣除该项工作项目配分。

（2）技能标准：依提供的相关手册工作程序操作。

（3）评分方式：采用扣分方式（至多扣至0分）。

① 手工具清点依测试表（一）进行清点（不符合每项次扣1分，至多扣4分）。

② 定期保养依测试表（二）作业（共6项，未完成项目，每项次扣5分，至多扣30分）。

③ 维修操作依测试表（二）作业（未完成项目扣30分）。

④ 领料记录依测试表（二）（领料记录错误，每项次扣2分，至多扣4分）。

⑤ 实车操作过程（评定项目错误，每项次扣1分，至多扣至0分）。

汽车修护技能鉴定测试实车操作试题

手工具清单　　　测试表（一）

姓名：＿＿＿＿＿＿　日期：＿＿＿＿＿＿＿　岗位：＿＿＿＿＿＿＿

编号：＿＿＿＿＿＿　监评人员签章：＿＿＿＿＿＿＿＿＿＿＿＿＿＿

说明：

（1）应检人依手工具清单细目，逐项清点数量、规格及功能正常后在确认字段打"√"。

（2）清点如有项目、数量短缺，规格及功能不正常时在确认栏打"×"。

（3）工具清点工作未确实、操作错误或字段勾选错误者不予计分。

项次	工具名称	规格型号	数量	确认	评定
1	工具车	三层（含以上）抽屉附锁	1台		
		套筒组			
2	套筒（1/2" DT）	32 mm,29 mm,27 mm,26 mm,25 mm,24 mm,23 mm,22 mm,21 mm,20 mm,19 mm,17 mm,16 mm,15 mm,14 mm,13 mm,12 mm,11 mm,10 mm,9 mm,8 mm 及重型(heavy duty) 套筒 (17 mm,19 mm,21 mm)	各1个		
3	火花塞套筒（1/2" DT）	16mm 和 21 mm	各1个		
4	万向接头		1支		
5	短接杆	3"~4"	1支		
6	中接杆	5"~6"	1支		
7	长接杆	8"~10"	1支		
8	长扳杆	约 1/2"DT×15"	1支		
9	滑动头扳杆	约 1/2"DT×10"	1支		
10	棘轮扳手	1/2" DT	1支		
11	气动扳手	1/2" DT	1支		
12	T形扳手	8mm 长套筒	1支		
13	T形扳手	10mm 长套筒	1支		
14	T形扳手	12mm 长套筒	1支		
15	梅花扳手	8mm×9mm	1支		
16	梅花扳手	10mm×12mm	1支		
17	梅花扳手	14mm×17mm	1支		
18	梅花扳手	17mm×19mm	1支		
19	呆扳手	6mm×7mm	1支		

续表

项次	工具名称	规格型号	数量	确认	评定
扳手					
20	呆扳手	8 mm×9 mm	1支		
21	呆扳手	10 mm×12 mm	1支		
22	呆扳手	12 mm×14 mm	1支		
23	呆扳手	14 mm×17 mm	1支		
24	呆扳手	17 mm×19 mm	1支		
25	油管扳手	8 mm×9 mm	1支		
26	油管扳手	10 mm×12 mm	1支		
27	油管扳手	11 mm×13 mm	1支		
28	油管扳手	14 mm×17 mm	1支		
29	L形六角扳手	2 mm,2.5 mm,3 mm,4 mm,5 mm,6 mm,8 mm,10mm	各1支		
30	活扳手	6",12"	各1支		
钳类					
31	鲤鱼钳	200 mm	1支		
32	斜口钳	150 mm	1支		
33	尖嘴钳	150 mm	1支		
34	万能钳	10"	1支		
旋具类					
35	十字头螺钉旋具	3"	1支		
36	十字头螺钉旋具	4"	1支		
37	十字头螺钉旋具	6"	1支		
38	一字头螺钉旋具	3"	1支		
39	一字头螺钉旋具	4"	1支		
40	一字头螺钉旋具	6"	1支		
41	大头短双头螺钉旋具	两用	1支		
42	一字头小螺钉旋具	2"	1支		
43	十字头电工螺钉旋具	4"	1支		
44	一字头长螺钉旋具	12"	1支		
锤子					
45	铁锤子	1 lb（磅）	1支		
46	橡胶锤子	1 lb	1支		
其他					
47	油壶	—	1个		
48	塞尺	25片	1组		
49	钢直尺 300mm	刻度式	1支		

续表

项次	工具名称	规格型号	数量	确认	评定
50	火花塞量规	圆盘式	1个		
51	胎纹深度规	塑料制	1个		
52	零件盘	磁吸式	1个		
53	手电筒	—	1支		
54	漏斗（机油）	—	1个		
55	胎压表	充、泄气、量	1个		
56	数字电表	—	1台		
57	可弯式吸棒	强磁	1支		

由监评人员评定：检查项目数：＿＿＿＿项−错误项目数：＿＿＿＿项＝正确项目数：＿＿＿＿项。

汽车修护技能鉴定测试实车操作试题

定期保养及维修操作　　测试表（二）

姓名：_____　日期：_____　岗位：_____

编号：_____　监评人员签章：_____

说明：

（1）应检人填写数据值时应注明单位（SI 单位）。

（2）规范值需由应检人从提供的相关手册中查阅，若相关手册中无规范时，请填入"无"。

（3）检查结果栏未印有括号者不必填写。

（4）定期保养应检的 6 项操作项目中的 4 项检查项目将由监评人员设置 1 个项目为不正常项目。

（5）检查结果栏中判定良好者在正常栏打"√"，不良者在不正常栏打"√"，若检查结果不需填写的则打"×"。

（6）检查结果字段中判定不良的项目不需修复故障，若对其他检查项目有相互影响时，则调整至正常状态并符合规范。

（7）领料作业须先行填写领料记录后，再交由监评人员进行领料作业。

（8）规范值、测量值及判断（或工作程序）3 项皆须填写正确，且实测值在误差值范围内该项才予计分。

（9）若操作方法、过程不正确或未操作者，即使答案填写正确，该项次仍评定不合格（备注栏记录事实）。

1．定期保养作业项目（每项次配分 5 分，共操作 6 项，合计 30 分）（※ 注意水温以免烫伤）

项次	工作项目	抽选 4 项（必选除外）	检查结果（应检人填写）（不正常时于备注栏位填写位置或零件）				评审结果（监评人员填写）		
			规范值	测量值	正常	不正常	合格	不合格	备注
1	更换发动机机油	（必选）	（　）	×	（　）	（　）			
2	更换机油滤芯	（必选）	×	×	×	×			
3	检查驻车制动行程		（　）	（　）	（　）	（　）			
4	检查制动踏板高度		×	×	（　）	（　）			
5	检查冷气动作（出风量、冷度、方向模式）		×	×	（　）	（　）			
6	检查各种灯光（远光灯、近光灯、转向灯、制动灯、小灯、室内灯、倒车灯、驻车灯）		×	×	（　）	（　）			

续表

项次	工作项目	抽选4项（必选除外）	检查结果（应检人填写）（不正常时于备注栏位填写位置或零件）				评审结果（监评人员填写）		
			规范值	测量值	正常	不正常	合格	不合格	备注
7	检查电动车窗		×	×	（　）	（　）			
8	检查刮水器动作（含喷嘴喷水角度）		×	×	（　）	（　）			
9	检查安全带动作		×	×		（　）			
10	检查轮胎胎压及胎纹		胎压（　）	胎压：左前（　）右前（　）左后（　）右后（　）备胎（　）	（　）	（　）			
11	检查发动机室各项油类（机油、ATF、制动油、动力转向机油）		×	×	（　）	（　）			
12	检查发动机室各类水类（散热器水、副散热器水、刮水器、蓄电池液体）		×	×	（　）	（　）			
13	检查与清洁空气滤清器		×	×	（　）	（　）			
14	检查发动机室各类管路、线路		×	×	（　）	（　）			
15	检查传送带（发电机、压缩机、动力转向）		×	×	（　）	（　）			
16	目视检查制动片厚度，制动圆盘、软管状况		×	×	（　）	（　）			
17	检查点火正时、怠速		正时：____怠速：____	正时：____怠速：____	（　）	（　）			
18	检查底盘螺钉扭力（监评人员指定2个位置）		(1)____(2)____	(1)____(2)____	（　）	（　）			
19	检查仪表各种警告灯状态		×	×	（　）	（　）			
20	检查传动轴套、横拉杆、球接头		×	×	（　）	（　）			

2．维修操作作业项目（每项次配分 30 分，共操作 1 项，合计 30 分）

项次	工 作 项 目	抽选 1 项（以 ✓ 勾选）	检查结果（应检人填写）		评审结果（监评人员填写）		
			规范值	测量值	合格	不合格	备注
汽车底盘相关项目							
1	更换指定前减振器总成（指定 1 轮_____轮）		×	×			
2	更换指定鼓式制动片（指定 1 轮_____轮）		×	×			
3	更换指定盘式液压制动系制动分泵（指定 1 轮_____轮）		×	×			含放空气
4	调整驻车制动		×	×			
5	车轮换位（更换备胎）		车轮锁紧扭力（ ）	车轮锁紧扭力（ ）			可用气动扳手拆卸螺钉
6	更换指定消音器固定橡皮		×	×			
汽车发动机相关项目							
1	更换汽油滤清器及检查燃油压力		燃油压力（ ）	燃油压力（ ）			
2	更换汽油喷射发动机感知器（指定 MAF 或 MAP）		怠速输出信号（ ）	怠速输出信号（ ）			
3	更换点火线圈及火花塞		火花塞规格（ ）	火花塞规格（ ）			
4	更换副散热器		×	×			
汽车电器系统相关项目							
1	更换起动电动机		×	×			
2	更换指定电动后视镜总成（指定 1 边_____边）		×	×			
3	跨接起动及保养、更换蓄电池（不断电方式）		蓄电池规格（ ）	蓄电池规格（ ）			
4	更换发电机传送带		传送带紧度（ ）	传送带紧度（ ）			
5	测量冷媒压力（R134a）（测试条件依手册）		低压（ ）高压（ ）	低压（ ）高压（ ）			
6	更换刮水器臂、刮水器片		×	×			

项次	工 作 项 目	抽选1项(以✓勾选)	检查结果（应检人填写）		评审结果（监评人员填写）		
			规范值	测量值	合格	不合格	备注
7	更换前照灯灯泡（指定1边_____边）		灯泡规格（ ）	灯泡规格（ ）			
8	更换后尾灯总成（指定1边_____边）		灯泡规格（ ）	灯泡规格（ ）			
9	更换制动灯开关		×	×			
10	更换电动风扇继电器与熔丝		熔丝规格（ ）	熔丝规格（ ）			
11	更换指定车门饰板（指定1门_____门）		×	×			
柴油发动机相关项目							
1	更换指定喷油器总成并发动发动机（指定1缸____缸）（架上VE柴油发动机）		×	×			
2	量测指定气缸压缩压力（指定1缸____缸）（架上VE柴油发动机）		压缩压力（ ）	压缩压力（ ）			
3	更换指定预热塞（指定1缸____缸）（架上VE柴油发动机）		预热电流（ ）	预热电流（ ）			

3．领料记录

说明：

（1）应检人应先填妥下表后，向监评人员要求提供更换的零件及油料。

（2）若要求提供更换的零件或油料规格错误（监评人员记录于备注栏），则每项次扣2分，扣分（至多扣4分）后得由监评人员提供正确的零件，由应检人进行后续的操作。

（3）领料作业须先行填写领料记录后，会同监评人员进行领料作业并评分。

项次	零件（或油料）名称（应检人填写）	数量（应检人填写）	规格（应检人填写）	评审结果（监评人员填写）		监评人员签名 备注
				合格	不合格	
1	发动机机油					
2	机油滤清器					
3	泄油螺钉垫圈					
4						
5						
6						

汽车修护技能鉴定测试——实车操作试题评审表

姓名：＿＿＿＿＿＿＿＿　　日期：＿＿＿＿＿＿＿　岗位：＿＿＿＿＿＿＿

编号：＿＿＿＿＿＿＿＿　　监评人员签章：＿＿＿＿＿＿＿＿＿＿＿＿＿＿

操作时间：＿＿＿＿＿＿＿＿　　（限时 60 min）

项次	评定项目 （除特别说明外，其余每项次扣 1 分）	扣分记录（以"正"标记）		备注 （记录事实）
		定期保养	维修操作	
1	手工具清点（至多扣 4 分）			依测试表（一）
2	未完成定期保养作业项目（每项次扣 5 分，至多扣 30 分，且该工作项目以下字段均不予评定）			
3	未完成维修操作作业项目（扣 30 分，且该工作项目以下字段均不予评定）			
4	领料作业（每项次扣 2 分，至多扣 4 分）			依测试表（二） 领料纪录
5	未正确填写检查结果			依测试表（二）
6	未正确使用叶子板、座椅及转向盘护套、脚踏垫			
7	未正确选择工具（含特种工具）			
8	未正确使用工具（含特种工具）			
9	未正确选择设备、仪器			
10	未依正确工作顺序或步骤操作			
11	未依正确工作方法操作			
12	未正确检查			
13	未正确清洁			
14	未正确润滑			
15	未正确调整			
16	未正确更换			
17	未正确锁紧			
18	系统功能作用不正常			
19	松脱、异响、泄漏、未对正			
20	损坏工作物或工具仪器			
21	使用后工具、仪器未擦拭清洁或定位			

续表

项次	评定项目 （除特别说明外，其余每项次扣1分）	扣分记录（以"正"标记）		备注 （记录事实）
		定期保养	维修操作	
22	使用后叶子板、座椅护套、转向盘护套、脚踏垫等未归定位			
23	场地未维持整洁			
24	工具仪器置于地上 （每项次扣1分）			
25	服装仪容不合乎常规（如穿凉鞋、拖鞋等）			
26	工作态度不合乎常规（如口语表达、动作等）			
27	其他（　　　）			
	扣分合计			
	得分（定期保养及维修操作各配分30分）			

附录 B　单件拆装及量测操作

一、题目

单件拆装及量测操作。

二、说明

（1）本试题于应检报到时，由应检人先行从下列应检项目"单件拆装与量测操作"中各抽出应检项目，并勾选于试题及测试表中，始得进入试场中执行应检工作。

（2）本试题使用所提供的工具、仪器、使用手册、量具及修护手册由应检人依修护手册操作程序内容实施单件拆装与量测操作项目，并完成测试表相关工作项目的填写。

（3）应检人依应检试题说明操作。

（4）应检人应检时的基本数据填写、阅读试题、发问及工具准备、归定位、操作测试及测试表填写（限已完成的工作内容），时间为 40 min。

（5）本试题应检项目分为 2 部分：

① 单件拆装：本项目计有 10 题工作项目，各题设置拆装项目，由应检人抽 1 题操作。

② 量测操作：本项目共计 8 题工作项目，各题设置 3 项量测项目，由应检人抽 1 题操作。

（6）为保护检定场所的蓄电池及相关设备，如须起动发动机，每次不得超过 10 s，再次起动时必须间隔 5 s 以上，且不得连续起动 2 次以上。

（7）应检人依单件拆装及量测操作工作项目逐项实施作业，并记录于测试表内。

（8）应检人于应检过程中须注意工作安全，遇危险动作时监评人员将适时制止并予以扣分，若有损坏工具、仪器及造成伤害的动作，应检人须先了解正确方法后才得以继续应检工作。

（9）测试完毕，工具仪器归位，整理现场。

三、应检项目

1．单件拆装

第 1 题：更换顶上凸轮式（OHC）发动机正时传送带（或链条）

（1）使用所提供的工具、仪器、修护手册及发动机组件完整的架上顶上凸轮式汽油发动机，依手册的操作程序更换正时传送带（或链条）。

（2）正时传送带（或链条）安装完成后，须请监评人员确认。

（3）安装正时传送带（或链条）周边附件，依监评人员指示起动发动机短暂运转，但不须调整发动机怠速。

（4）拆卸传送带盘螺钉可选择使用气动扳手，唯锁紧时不得使用。

第 2 题：更换顶上凸轮式（OHC）发动机气缸床垫

（1）使用所提供的工具、仪器、修护手册及工作架上组件完整的顶上凸轮式汽油发动机，依手册的操作程序更换气缸床垫（气缸盖垫片）。

（2）锁紧方式采用塑性螺栓锁紧法。

（3）安装其他附件，工作完毕后整理现场。

第3题：拆装活塞连杆总成

（1）使用所提供的工具、仪器、修护手册及工作架上汽油发动机体，依手册的操作程序拆装指定一缸的活塞及连杆总成。

（2）锁紧方式采用塑性锁紧法将连杆大端螺栓锁定到规定扭力（或角度）。

第4题：检查、调整垫片调整式气门间隙

（1）使用所提供的工具、仪器、修护手册及发动机组件完整的架上顶上凸轮式汽油发动机（垫片调整式气门间隙），依手册的操作程序检查、调整指定缸的指定气门间隙。

（2）检查、调整工作完成后，须请监评人员确认。

（3）安装周边附件，依监评人员指示起动发动机短暂运转，但不须调整发动机怠速。

（4）调整过程以不拆卸凸轮轴方式调整。

第5题：调整离合器踏板

（1）使用所提供的工具、仪器、修护手册，依手册的操作程序检查指定的后驱（RWD）车辆离合器踏板，并调整至作用正常。

（2）使用钢直尺测量离合器踏板自由行程，并将结果记录于测试表。

（3）测试完成由监评人员起动发动机并测试排挡功能正常且无异响。

第6题：更换后轮驱动后桥油封（单侧）

（1）使用所提供的工具、仪器、修护手册，依手册的操作程序更换指定后驱（RWD）车辆的后桥油封，并于更换后作用正常。

（2）测试完成由监评人员起动发动机并测试后桥功能正常且无异响、无泄漏。

第7题：更换后轮驱动传动轴

（1）使用所提供的工具、仪器、修护手册，依手册的操作程序更换指定后驱（RWD）车辆的后桥传动轴，并于更换后作用正常。

（2）测试完成由监评人员起动发动机并测试传动轴运转功能正常且无异响。

第8题：更换后差速器齿轮油

（1）使用所提供的工具、仪器、修护手册，依手册的操作程序更换指定后驱（RWD）车辆的后差速器齿轮油，并于更换后作用正常。

（2）测试完成由监评人员起动发动机并测试差动器运转功能正常且无异响、无泄漏。

第9题：更换外胎

（1）使用所提供的工具、仪器、修护手册，依手册的操作程序更换车辆的指定轮胎外胎。

（2）将轮胎的外胎与轮圈分解后，更换外胎并充气至合格胎压。

第 10 题：车轮平衡及补胎。

（1）使用所提供的工具、仪器、修护手册，依手册的操作程序实施指定车轮的轮胎漏气检查。

（2）使用补胎枪补胎后，检查轮胎的气密性，再使用轮胎平衡机进行车轮平衡。

2．量测操作

第 1 题：

（1）使用所提供的直定规及塞尺量测气缸盖指定位置的不平度。

（2）使用所提供的游标卡尺量测盘式制动片指定位置的厚度。

（3）使用所提供的数字电表量测指定灯泡的电阻。

第 2 题：

（1）使用所提供的塞尺量测指定气门的间隙。

（2）使用所提供的量缸表量测指定气缸的失圆。

（3）使用所提供的数字电表量测指定蓄电池的电压。

第 3 题：

（1）使用所提供的塞尺量测指定的活塞环槽间隙。

（2）使用所提供的量缸表量测指定气缸的斜差。

（3）使用所提供的数字电表量测指定的常开式继电器线圈电阻。

第 4 题：

（1）使用所提供的塞尺量测指定的活塞环端间隙。

（2）使用所提供的外径千分尺量测指定活塞的直径。

（3）使用所提供的数字电表量测指定水温感知器的电阻。

第 5 题：

（1）使用所提供的外径千分尺量测制动圆盘指定位置的厚度。

（2）使用所提供的火花塞间隙规量测指定火花塞的间隙。

（3）使用所提供的数字电表量测指定喷油嘴的电阻。

第 6 题：

（1）使用所提供的百分表组量测指定凸轮轴的弯曲度。

（2）使用所提供的制动鼓内径规量测制动鼓指定位置的直径。

（3）使用所提供的数字电表量测指定高压线的电阻。

第 7 题：

（1）使用所提供的游标卡尺量测鼓式制动片指定位置的厚度。

（2）使用所提供的外径千分尺量测指定凸轮的高度（扬程）。

（3）使用所提供的数字电表量测指定预热塞的电阻。

第 8 题：

（1）使用所提供的外径千分尺量测指定曲轴轴颈的外径。

（2）使用所提供的游标卡尺量测指定轮轴承的内径。

（3）使用所提供的数字电表量测指定起动电动机的吸入线圈电阻。

四、评审要点

（1）操作时间：单件拆装与量测操作合计共 40 min。操作时间终了，经监评人员制止仍继续操作者，则扣除该项工作项目的配分。

（2）技能标准：依提供的相关手册工作程序操作。

（3）评分方式：采用扣分方式（扣分至多扣至 0 分）

① 单件拆装项目依各题测试表作业（评定项目错误，每项次扣其配分 1 分）。

② 量测操作项目依各题测试表作业（评定项目错误，每项次扣其配分 2 分）。

③ 其余的拆装或量测操作过程（评定项目错误，每项次扣 1 分）。

汽车修护技能鉴定测试

单件拆装及量测操作试题　　测试表

姓名：_____　日期：_____　岗位：_____

编号：_____　监评人员签章：_____

说明：

（1）应检人填写数据值时应注明单位（SI 单位）。

（2）规范值由应检人从提供的相关手册中查阅，若相关手册无规范时，请填入"无"。

（3）若操作方法、过程不正确或未操作者，即使答案填写正确，该项次仍评定不合格（备注栏记录事实）。

（4）操作精度，如下列精度（或依该设备维修手册规定）：

① 钢直尺为 ±0.5mm。

② 游标卡尺为 ±0.05mm。

③ 塞尺为 ±0.05mm。

④ 扭力扳手为 ±10% 读数。

⑤ 千分尺为 ±0.02mm。

⑥ 电表为 ±10% 读数。

⑦ 百分表为 ±0.02mm。

1．单件拆装项目（每项次配分 7 分，计 14 分）

题号	抽出题号（打√）	测 量 项 目	数据记录（应检人填写）		评审结果（监评人员填写）	
			规范值	测量值	合格	不合格
1		曲轴正时齿轮螺钉扭力 /（N·m）	（　　）	（　　）		
		传送带（或链条）检查	（　　）	（　　）		
2		气缸盖螺栓扭力 /（N·m）	（　　）	（　　）		
		气缸盖螺栓旋紧角度	（　　）	（　　）		
3		活塞连杆螺钉扭力 /（N·m）	（　　）	（　　）		
		活塞连杆螺钉旋紧角度	（　　）	（　　）		
4		气门间隙 /mm	（　　）	（　　）		
		选用垫片厚度 /mm	（　　）	（　　）		
5		离合器踏板游隙 /mm	（　　）	（　　）		
		离合器踏板自由行程 /mm	（　　）	（　　）		

续表

题号	抽出题号（打√）	测 量 项 目	数据记录（应检人填写）		评审结果（监评人员填写）	
			规范值	测量值	合格	不合格
6		后桥油封类型	（　）	（　）		
		外侧固定螺钉扭力	（　）	（　）		
7		后端固定螺钉扭力	（　）	（　）		
		滑动接头润滑油	（　）	（　）		
8		齿轮油号数	（　）	（　）		
		齿轮油容量	（　）	（　）		
9		轮胎型号	（　）	（　）		
		胎压	（　）	（　）		
10		平衡前误差值	（　）	（　）		
		平衡后误差值	（　）	（　）		

2．量测操作项目（配分 6 分）

题号	抽出题号（打√）	测 量 项 目	测量结果（应检人填写）	评审结果（监评人员填写）		备注
			测量值	合格	不合格	
1		气缸盖不平度（指定位置）	（　）			
		盘式制动片厚度（指定位置）	（　）			
		灯泡电阻（指定灯泡）	（　）			
2		气门间隙（指定气门）	（　）			
		气缸失圆（指定气缸）	（　）			
		蓄电池电压	（　）			
3		活塞环槽间隙（指定活塞环槽）	（　）			
		气缸斜差（指定气缸）	（　）			
		继电器线圈电阻（指定常开式继电器）	（　）			
4		活塞环端间隙（指定活塞环）	（　）			
		活塞外径（指定活塞）	（　）			
		水温感知器电阻	（　）			

续表

题号	抽出题号（打√）	测 量 项 目	测量结果（应检人填写）	评审结果（监评人员填写）		备注
			测量值	合格	不合格	
5		制动圆盘厚度（指定位置）	（　　）			
		火花塞间隙	（　　）			
		喷油嘴电阻	（　　）			
6		凸轮轴弯曲度	（　　）			
		制动鼓内径（指定位置）	（　　）			
		高压线电阻	（　　）			
7		鼓式制动片厚度（指定位置）	（　　）			
		凸轮高度（指定凸轮）	（　　）			
		预热塞电阻（指定预热塞）	（　　）			
8		曲轴轴颈外径（指定位置）	（　　）			
		轮轴承内径	（　　）			
		起动电动机吸入线圈电阻	（　　）			

汽车修护技能鉴定测试——单件拆装及量测操作试题评审表

姓名：_____　　日期：_____　　岗位：_____

编号：_____　　监评人员签章：_____

操作时间：_____（限时 40 min）

项次	评定项目 （除特别说明外，其余每项次扣 1 分）	扣分记录（以"正"标记）		备注 （记录事实）
		测量	单件拆装	
1	单件拆装工作未完成（扣 14 分且该工作项目以下字段均不予评分）			
2	量测项目工作未完成（扣 6 分且该工作项目以下字段均不予评分）			
3	单件拆装项目不合格（扣 7 分）			依单件拆装项目测试表
4	量测项目不合格（每项次扣 2 分）			依量测项目测试表
5	未正确使用叶子板、座椅护套、转向盘护套、脚踏垫			
6	未正确选择工具（含特种工具）			
7	未正确使用工具（含特种工具）			
8	未正确选择设备、仪器			
9	未正确使用设备、仪器			
10	未依正确工作顺序或步骤操作			
11	未正确检查			
12	未正确清洁			
13	未正确润滑			
14	未正确调整			
15	未正确更换			
16	未正确锁紧			
17	系统功能作用不正常			
18	松脱、异响、泄漏、未对正			
19	有不安全动作			
20	损坏工作物或工具仪器			

续表

项次	评定项目 （除特别说明外，其余每项次扣1分）	扣分记录（以"正"标记）		备注 （记录事实）
		测量	单件拆装	
21	使用后工具、仪器、量具未擦拭清洁或定位			
22	使用后叶子板、座椅护套、转向盘护套、脚踏垫等未归定位			
23	场地未维持整洁			
24	工具仪器置于地上			
25	服装仪容不合乎常规（如穿凉鞋、拖鞋等）			
26	工作态度不合乎常规（如口语表达、动作等）			
27	其他（ ）			
	扣分合计			
	总分 扣分 得分 （ 20 ）－（ ）＝（ ）			

附录 C　机具设备操作及修护手册查阅

一、题目

机具设备操作及修护手册查阅。

二、说明

（1）本试题于应检报到时，由应检人先行从下列应检项目"机具设备操作和修护手册查阅"中各抽出应检项目，并勾选于试题及测试表中，始得进入试场中执行应检工作。

（2）本试题使用所提供的工具、机具设备（含使用手册）及修护手册，由应检人依手册操作程序内容实施操作、润滑、检查、调整及手册数据查阅等工作项目，并完成测试表填写。

（3）应检人应检时的基本数据填写、阅读试题、发问及工具准备、护套归定位、操作测试及测试表填写时间共计 40 min，应检人须携带参考数据（试题）入场应检。

（4）本试题应检项目分为 2 部分：机具设备操作、修护手册查阅。

（5）机具设备操作试题中由应检人员就上述九题应检项目中抽出一题应考，应检人须依术科承办单位所准备的操作手册程序内容逐项操作并实施保养项目，必要时检查调整至正常状态合于厂家规范，并完成测试表（一）相关工作项目之填写。

（6）修护手册查阅试题中请自五组题号中抽出一组查阅项目应考，应检人依抽出查阅项目，进行修护手册之查阅，并完成测试表（二）相关工作项目之填写。

（7）工作完毕，整理现场。

三、应检项目

1. 机具设备操作

第 1 题：使用一般充电机

（1）应检人将 2 个以上 12 V 相同电容量的免保养式蓄电池串联后，执行一般充电。

（2）应检人依操作程序执行下列工作内容，并填写测试表（一）。

① 接上充电机 AC 电源。

② 充电机与蓄电池接线。

③ 调整充电电压。

④ 调整充电电流。

⑤ 关闭充电机 AC 电源。

⑥ 移除蓄电池。

（3）操作前应检人须先将串联后蓄电池最初充电电流及电压的规范值填写于测试表（一），请监评人员确认无误且同意后，始得进行充电电流及电压的操作调整，并将实际充电值填写于测试表（一）中。

（4）充电工作完成后依作业程序，将已充电的蓄电池移至监评人员指定位置备用。

（5）应检人工作完成后关闭电源进行机具设备清洁、收拾、整理。

（6）测试完毕后复原整理现场。

第 2 题：使用快速充电机

（1）应检人将 1 个 12 V 免保养式蓄电池执行快速充电。

（2）应检人依操作程序执行下列工作内容，并填写测试表（一）。

① 接上充电机 AC 电源。

② 充电机与蓄电池接线。

③ 调整充电电压。

④ 调整充电电流。

⑤ 调整充电时间。

⑥ 关闭充电机 AC 电源。

⑦ 移除蓄电池。

（3）操作前应检人须先将蓄电池最大容许充电电流及电压的规范值填写于测试表（一），请监评人员确认无误且同意后，始得进行充电电流、电压及时间的操作调整，并将实际充电值填写于测试表（一）。

（4）充电工作完成后依作业程序，将已充电的蓄电池移至监评人员指定位置备用。

（5）应检人工作完成后关闭电源，进行机具设备清洁、收拾、整理。

（6）测试完毕后复原整理现场。

第 3 题：操作空气压缩机

（1）应检人依操作程序执行下列操作空气压缩机工作内容，并填写测试表（一）。

① 开机前：

a．检查泄水阀并关闭。

b．检查或更换空气滤清器芯子。

c．检查润滑油油面高度。

d．检查传送带及覆盖。

② 运转中：

a．检查传送带运转异响。

b．检查压力表数值。

c．连接空气管路快速接头。

d．打开出气阀检查空气管路泄漏。

③ 关闭电源后：

a．关闭出气阀。

b．拆除空气管路。

c．打开泄水阀。

（2）应检人工作完成后关闭电源，进行机具设备清洁、收拾、整理。

（3）测试完毕后复原整理现场。

第 4 题：使用废气分析仪

（1）应检人对使用废气分析仪进行检查并执行废气采样检验。

（2）应检人依操作程序执行下列工作内容，并填写测试表（一）。

① 检查废气分析仪温机状态。

② 更换指定滤清器（滤纸或滤网）。

③ 检查采样管路状况。

④ 检查及设定表头归零。

⑤ 依规定采样深度插入采样管至指定发动机排气管，并读取数值。

⑥ 拔出采样管，清除废气。

（3）应检人工作完成后不需关闭电源（保持温机状态），进行机具设备清洁、收拾、整理。

（4）测试完毕后复原整理现场。

第 5 题：操作气动扳手

（1）应检人操作气动扳手执行拆卸发动机飞轮螺栓（监评人员指定 1 个）。

（2）应检人依操作程序执行下列工作内容，并填写测试表（一）。

① 选取适当套筒安装至气动扳手。

② 连接空气管路与气动扳手。

③ 保养气动扳手。

④ 检查气动扳手正反转功能。

⑤ 调整气动扳手输出扭力刻度。

⑥ 拆卸指定发动机飞轮螺栓（监评人员指定 1 个）。

⑦ 拆除气动扳手空气管路。

（3）应检人工作完成后关闭气压源，进行机具设备清洁、收拾、整理。

（4）工作完毕后复原整理现场。

第 6 题：操作蓄电池试验器

（1）应检人依操作程序执行下列工作内容，并填写测试表（一）。

① 清洁蓄电池与检查蓄电池电容量（A·h）。

② 依蓄电池试验器手册的说明操作。

③ 接上蓄电池试验器于电瓶桩头上。

④ 操作蓄电池试验器测试蓄电池蓄电状况。

（2）应检人工作完成后拆除接线，关闭开关进行清洁、收拾、整理。

（3）工作完毕后复原整理现场。

第 7 题：操作车用诊断仪器

（1）要求应检人操作车用诊断仪器，执行检查、记录指定架上发动机工作时的相关数据。

（2）要求应检人依手册操作程序执行下列工作内容，并填写测试表（一）。

① 装机前：清点、检查诊断仪器各配件及数量。

② 安装：

a．检查并关闭点火开关。

b．安装诊断仪器连接线，确认连接妥当。

③ 开机：依手册操作诊断仪器，读取规定数据，并填写测试表（一）。

（3）要求应检人工作完成后，进行机具设备清洁、收拾、整理。

第8题：千斤顶的使用（先下再上）

（1）应检人依工作程序操作千斤顶，将车辆前（或后）轮放下后再顶起后（或前）轮。

（2）应检人依操作程序执行下列工作内容，并填写测试表（一）。

① 检查千斤顶功能。

② 检查轮胎止挡块。

③ 操作千斤顶并置于修护手册规定顶车位置，将车辆前（或后）轮顶高。

④ 取出三脚架。

⑤ 操作千斤顶，缓慢将车辆放下。

⑥ 放置轮胎止挡块。

⑦ 操作千斤顶将车辆后（或前）轮顶高。

⑧ 调整三脚架高度并置于修护手册规定顶车位置。

⑨ 卸除并取出千斤顶。

（3）应检人工作完成后进行机具设备清洁、收拾、整理。

（4）测试完毕后复原整理现场。

第9题：使用散热器压力试验器

（1）应检人依操作程序执行下列使用散热器压力试验器工作内容，并填写测试表（一）。

① 正确打开散热器盖。

② 选择适当压力试验器转接头。

③ 安装散热器压力试验器。

④ 操作散热器压力试验器并读取数值。

⑤ 正确释放压力。

⑥ 卸除散热器压力试验器。

⑦ 操作散热器压力试验器测试散热器盖并读取数值。

⑧ 检查散热器水量，盖上散热器盖。

（2）应检人工作完成后进行机具设备清洁、收拾、整理。

（3）工作完毕后复原整理现场。

2．修护手册查阅（由监评人员自4套中先行指定其中1套供应检人查阅）

共计5组题目，每组题目包括发动机系统、底盘系统、电器系统各一个查阅项目供应检人查阅。

四、评审要点

（1）操作时间：机具设备操作与修护手册查阅，合计 40 min。操作时间终了，经监评人员制止仍继续操作者，则扣除该项工作项目的配分。

（2）技能标准：依提供的相关手册工作程序操作。

（3）评分方式：采用扣分方式（扣分至多扣至 0 分）

① 机具设备保养项目依测试表（一）作业（评定项目错误，每项次扣其配分 1 分）。

② 修护手册查阅项目依测试表（二）作业（评定项目错误，每项次扣其配分 2 分）。

③ 机具设备操作与修护手册查阅过程依评审表评定项目（评定项目错误，每项次扣 1 分）。

汽车修护技能鉴定测试

机具设备操作与修护手册查阅试题　　测试表（一）

姓名：＿＿＿＿＿＿＿＿＿＿　　日期：＿＿＿＿＿＿＿＿＿＿＿

编号：＿＿＿＿＿＿＿＿＿＿　　监评人员签章：＿＿＿＿＿＿＿

机具设备操作项目（配分 14 分）

说明：

（1）应检人填写数据值时应注明单位（SI 单位）。

（2）规范值由应检人从提供的相关手册中查阅。

（3）检查结果栏未印有括号者不必填写，若相关手册中无规范时，请填入"无"。

（4）第 1 题及第 2 题操作前，应检人须先将蓄电池最初充电电流及电压的规范值填写于测试表，请监评人员确认无误且同意后，始得进行充电电流及电压（时间）的操作调整，并将实际充电值填写于测试表。

（5）应检人填写第 7 题测量值时，需会同监评人员确认，否则不予评分。

（6）若操作方法、过程不正确或未操作者，即使答案填写正确，该项次仍评定不合格（备注栏记录事实）。

第 1 题：使用一般充电机

工 作 项 目	检查结果（应检人填写）		评审结果（监评人员填写）		
	规范值	测量值	合 格	不合格	备注
调整充电电流	（　　）	（　　）			
调整充电电压	（　　）	（　　）			

第 2 题：使用快速充电机

工 作 项 目	检查结果（应检人填写）		评审结果（监评人员填写）		
	规范值	测量值	合 格	不合格	备注
调整充电电流	（　　）	（　　）			
调整充电电压	（　　）	（　　）			

第 3 题：操作空气压缩机

工 作 项 目	检查结果（应检人填写）			评审结果（监评人员填写）		
	规范值	测量值	合 格	不合格	备注	備註
机油油面高度	×	（　　）	（　　）			
记录压力值	（　　）	×	×			

第 4 题：使用废气分析仪

工 作 项 目	检查结果（应检人填写）			评审结果（监评人员填写）		
	测量值	正常	不正常	合 格	不合格	备注
采样并读取 HC 数值	（　　）	×	×			
采样并读取 CO 数值	（　　）	×	×			

第 5 题：操作气动扳手

工 作 项 目	检查结果（应检人填写）			评审结果（监评人员填写）		
	测量值	正常	不正常	合 格	不合格	备注
检查气动扳手正反转功能	×	（　　）	（　　）			
调整气动扳手输出扭力刻度	（　　）	×	×			

第 6 题：操作电瓶试验器

工 作 项 目	检查结果（应检人填写）		评审结果（监评人员填写）		
	规范值	测量值	合 格	不合格	备注
检查蓄电池电容量（Ah）	（　　）	×			
检测蓄电池蓄电状况（依蓄电池试验器显示填写）	×	（　　）			

第 7 题：操作车用诊断仪器

工 作 项 目	测量值（应检人填写）	实测值（监评人员填写）	评审结果（监评人员填写）		
			合 格	不合格	备注
测量 TPS 输出电压（怠速）					
测量喷油嘴喷油时间（怠速）					

第 8 题：使用千斤顶

工 作 项 目	检查结果（应检人填写）			评审结果（监评人员填写）		
	规范值	正常	不正常	合 格	不合格	备注
检查千斤顶功能	×	（　　）	（　　）			
顶车的位置	（　　）	×	×			

第 9 题：使用散热器压力试验器（※ 注意水温，以免烫伤）

工 作 项 目	检查结果（应检人填写）	评审结果（监评人员填写）		
	测量值	合　格	不合格	备　注
测试散热器压力值	（　　　）			
测试散热器盖压力值	（　　　）			

汽车修护技能鉴定测试

机具设备操作与修护手册查阅试题　　测试表（二）

姓名：＿＿＿＿＿＿＿＿＿＿＿　　日期：＿＿＿＿＿＿＿＿＿＿＿

编号：＿＿＿＿＿＿＿＿＿＿＿　　监评人员签章：＿＿＿＿＿＿＿

修护手册查阅项目（配分6分）

说明：

（1）应检人填写数据值时应注明单位（SI单位）。

（2）由汽车生产厂家提供4套不同车型的修护手册供应检人查阅。

（3）若修护手册中查无规范者，则须于规范值栏中填写"无"。

（4）章节或页码及规范值两项皆须填写正确，该项始予评定合格。

（5）若查阅方法、过程不正确或未查阅者，即使答案填写正确，该项次仍评定不合格（备注栏记录事实）。

题号	抽出题号（打√）	查阅项目	应检人填写			评审结果（监评人员填写）		
			章节	页码	规范值（SI单位）	合格	不合格	备注
范例	√	×××××××	发动机(ENG)	第34页	无			
1		散热器盖测试压力规格						
		转向盘自由间隙						
		倒车灯灯泡瓦特数						
2		氧传感器锁紧扭力						
		脚制动踏板自由间隙						
		发电机最大输出功率						
3		更换喷油嘴步骤			（　）个步骤			
		驻车制动拉杆锁定声响数						
		燃料泵熔丝编号						
4		怠速调整步骤			（　）个步骤			
		自动变速器液面检查步骤			（　）个步骤			
		冷凝器风扇电动机线色（2条）						
5		火花塞间隙						
		车轮定位前轮后倾角度数						
		前照灯开关接头端子数（pin）						

汽车修护技能鉴定测试——机具设备操作与修护手册查阅试题评审表

姓名：_____　日期：_____　岗位：_____

编号：_____　监评人员签章：_____

操作时间：_____（限时 40 min）

项次	评定项目 （除特别说明外，其余每项次扣 1 分）	扣分记录（以"正"标记）		备注 （记录事实）
		机具设备操作	修护手册查阅	
1	未完成操作机具设备工作项目（扣 14 分且该工作项目以下字段均不予评定）		×	
2	未完成查阅修护手册工作项目（扣 6 分且该工作项目以下字段均不予评定）	×		
3	未正确填写机具设备检查结果（每项次扣 7 分）		×	依测试表（一）
4	未正确填写查阅修护手册（每项次扣 2 分）	×		依测试表（二）
5	未检查及确认应检机具设备			
6	未正确选择工具（含特种工具）			
7	未正确使用工具（含特种工具）			
8	未正确选择设备、仪器			
9	未正确使用设备、仪器			
10	未正确选用使用（操作）手册			
11	未正确检查电源电压			
12	未正确将机具设备插上电源			
13	未正确开启电源开关			
14	未正确实施检查			
15	未正确实施清洁			
16	未正确实施调整或更换			
17	未依手册内容实施保养、润滑			
18	未正确锁紧			
19	未依正确工作程序、步骤操作			
20	未依正确工作方法操作			
21	机具仪器设备保养后各系统功能不正常			

续表

项次	评定项目 （除特别说明外，其余每项次扣1分）	扣分记录（以"正"标记）		备注 （记录事实）
		机具设备操作	修护手册查阅	
22	有不安全动作			
23	损坏工作物或工具仪器			
24	使用后工具、仪器未擦拭清洁			
25	使用后工具仪器等未归定位			
26	使用后场地未维持整洁			
27	工具仪器置于地上			
28	服装仪容不合乎常规（如穿凉鞋、拖鞋等）			
29	工作态度不合乎常规（如口语表达、动作等）			
30	其他（　　　）			
	扣分合计			
	配分　　　　　　扣分　　　　　　得分 （　20　）−（　　　）=（　　　）			

附录 D "综合测验"参考答案

第 1 章

一、实力测验

是非题

1.(×)　2.(O)　3.(O)　4.(O)　5.(×)
6.(×)

选择题

1.(C)　2.(C)　3.(B)　4.(B)　5.(C)
6.(D)　7.(A)　8.(C)

二、练习题库

选择题

1.(D)　2.(B)　3.(D)　4.(A)　5.(B)
6.(B)　7.(C)　8.(D)　9.(B)　10.(A)

第 2 章

一、实力测验

是非题

1.(O)　2.(O)　3.(O)　4.(×)　5.(×)
6.(×)　7.(×)　8.(×)　9.(×)　10.(O)
11.(O)　12.(O)　13.(O)　14.(O)　15.(O)
16.(O)

选择题

1.(C)　2.(B)　3.(A)　4.(D)　5.(A)
6.(B)　7.(A)　8.(B)　9.(D)　10.(D)
11.(D)　12.(A)　13.(A)　14.(B)　15.(B)
16.(C)　17.(C)　18.(C)　19.(C)　20.(C)
21.(B)　22.(B)　23.(B)　24.(C)

二、练习题库

选择题

1.(B)　2.(A)　3.(B)　4.(D)　5.(A)
6.(B)　7.(C)　8.(C)　9.(D)　10.(A)
11.(A)　12.(D)　13.(B)　14.(D)　15.(A)
16.(D)　17.(A)　18.(B)　19.(D)　20.(A)

第 3 章

一、实力测验

是非题

1.(O)　2.(×)　3.(O)　4.(×)　5.(O)
6.(O)　7.(O)　8.(O)　9.(×)　10.(×)

选择题

1.(B)　2.(D)　3.(A)　4.(C)　5.(A)
6.(D)　7.(B)

二、练习题库

选择题

1.(B)　2.(D)　3.(C)　4.(C)　5.(B)
6.(C)　7.(C)

第 4 章

一、实力测验

是非题

1.(O)　2.(O)　3.(O)　4.(×)　5.(×)
6.(O)　7.(×)　8.(×)　9.(O)　10.(O)
11.(×)　12.(O)　13.(×)　14.(×)　15.(×)
16.(×)　17.(O)　18.(O)　19.(O)　20.(O)
21.(O)　22.(×)　23.(O)　24.(O)　25.(O)

选择题

1.(B)　2.(C)　3.(B)　4.(B)　5.(D)
6.(C)　7.(A)　8.(A)　9.(A)　10.(B)
11.(A)　12.(D)　13.(C)　14.(C)　15.(B)
16.(B)　17.(A)　18.(B)　19.(C)　20.(D)
21.(B)　22.(D)　23.(D)　24.(C)　25.(D)
26.(D)　27.(B)

二、练习题库

选择题

1.(D)　2.(A)　3.(A)　4.(C)　5.(B)
6.(A)　7.(C)　8.(D)　9.(D)　10.(B)
11.(A)　12.(D)　13.(D)　14.(A)　15.(B)

16. (D) 17. (D) 18. (B) 19. (A) 20. (D)
21. (C) 22. (C) 23. (B) 24. (A) 25. (D)
26. (B) 27. (A)

第 5 章

一、实力测验

是非题

1.(×) 2.(O) 3.(×) 4.(×) 5.(O)
6.(O) 7.(O) 8.(×) 9.(O) 10.(×)

选择题

1. (A) 2. (C) 3. (A) 4. (C) 5. (B)
6. (B) 7. (C) 8. (B) 9. (C)

二、练习题库

选择题

1. (C) 2. (B) 3. (A) 4. (B) 5. (B)
6. (B) 7. (B) 8. (C)

第 6 章

一、实力测验

是非题

1. (O) 2. (O) 3. (O) 4.(×) 5.(×)
6.(×) 7.(×) 8. (O) 9. (O) 10. (O)

选择题

1. (B) 2. (B) 3. (C) 4. (C) 5. (B)
6. (C) 7. (B) 8. (C) 9. (B) 10. (D)
11. (C) 12. (A) 13. (A)

二、练习题库

选择题

1. (C) 2. (B) 3. (A) 4. (A) 5. (D)
6. (B) 7. (C) 8. (D)

第 7 章

一、实力测验

是非题

1.(×) 2.(O) 3.(O) 4. (O) 5. (O)
6.(×) 7.(×) 8.(×) 9.(×) 10. (O)

选择题

1. (C) 2. (B) 3. (A) 4. (B) 5. (C)
6. (C) 7. (A) 8. (D) 9. (D) 10. (B)

11. (D) 12. (B) 13. (C)

二、练习题库

选择题

1. (C) 2. (D) 3. (C) 4. (D) 5. (C)
6. (D)

第 8 章

一、实力测验

是非题

1. (O) 2. (O) 3.(×) 4. (O) 5. (O)
6.(×) 7.(×) 8.(×) 9. (O) 10. (O)

选择题

1. (C) 2. (C) 3. (A) 4. (C) 5. (C)
6. (A) 7. (B) 8. (A) 9. (B)

二、练习题库

选择题

1. (C) 2. (D) 3. (D) 4. (A) 5. (D)
6. (A) 7. (C) 8. (C) 9. (C) 10. (B)
11. (B) 12. (A) 13. (D)

附录 E "课堂思考"参考答案

第 1 章

第 4 页

（1）参考图1-2～图1-4的顶车位置；

（2）在不适宜的位置顶车会伤及车身、油管或滑落千斤顶顶盘的危险，及妨害维修工作的进行等。

第 9 页

精密量具的测量面（方式）须与工作物相配合，不可任意调用，以维持测量的准确性。

第 2 章

第 16 页

（1）离合器对准棒是用来支撑离合器片，以利安装；

（2）可用如离合器轴、铜棒、旋具等替代；

（3）规范扭力是厂家规定维修时施予工作对象的扭力大小；

（4）不根据规范扭力操作会损伤工作物（表面），造成工作物损坏、漏油、漏气、漏水等。

第 19 页

（1）离合器片表面呈泛蓝光等，表示过热烧毁或用游标卡尺检查厚度；

（2）这会造成离合器打滑或分离不良。

第 22 页

因为离合器踏板高度、可能是拨叉游隙会影响离合器踏板自由行程。

第 24 页

在手动变速器车中，离合器不良、操作不佳，或变速器操纵机件及内部机件磨损、损伤。

第 26 页

防止开口销脱落。

第 27 页

检查变速器周围是否有油渍、油污或油量显著减少来判断。

第 30 页

传动系构件（如传动轴等）突然断裂、损坏。

第 3 章

第 40 页

以高压压缩空气快速吹干轴承，会使轴承高速转动、生热，导致表面磨伤。

第 42 页

如下图所示，将汽车前方顶高，用手旋转车轮，检查车轮是否旋转顺畅，且没有任何异响自轴承产生；但需注意勿与下臂球接头的松动混淆。

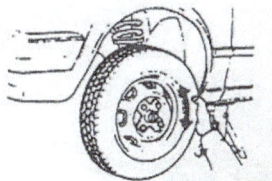

第 44 页

（1）前轮驱动轴的万向接头防尘套破损，导致防尘套内黄油甩出，灰尘砂粒等进入防尘套内，造成前轮驱动轴轴承磨损，因而车辆转弯时有异响产生。

（2）若防尘套已黑湿，及叶子板内侧挡泥板也沾有黄油时，表示防尘套已破损，须立即更换。

第 48 页

（1）先确认漏油点及原因再进行

检查维修。

（2）传动轴的异响：转弯时发出"嘎嘎"的异响。减振器的异响：因衬套太紧或干涸引起的"吱吱"声。制动时，轮胎附近的异响：高速制动时，可能是轮胎摩擦地面的声音；低速制动时，可能是制动片太脏、太薄、材质过硬或接触不完整。

第 50 页

牛顿第三运动定律的作用力与反作用力。

第 4 章

第 57 页

制动油应每年或每 20 000 km 更换，若制动油已呈现稠、浓或黑色，而非原先的清晰、透明，则应更换。

第 59 页

可先行了解制动增压器的作用是否良好及可能的故障，以决定是否需进一步分解、检查与组合。

第 60 页

Festiva 的制动管路配置如下图所示。

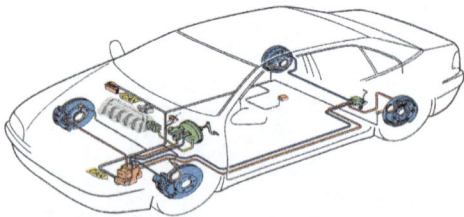

第 63 页

（1）制动片表面形成黏着状态；

（2）制动鼓变形；

（3）制动片调整不当；

（4）制动底板弹簧折损或安装松动。

第 65 页

（1）左右胎压不均；

（2）左右胎纹磨损不均；

（3）左右轮胎尺寸不同；

（4）载重不均；

（5）车轮定位不良；

（6）底盘受撞击而受损；

（7）道路状况不良。

第 68 页

盘式制动系拆装容易，较易保养。

第 70 页

（1）制动片附着油脂；

（2）制动块磨耗，调整不当或含有水分；

（3）制动鼓与制动块配合不佳；

（4）连续使用制动以致过热。

第 72 页

排出的制动油为纯液体且无气泡，表示制动油中已无空气。

第 73 页

拉放驻车制动可使调整杆旋转调整齿，进而调整制动鼓与制动片的间隙。

第 75 页

制动踏板踩下后，高度若不合规定，则须再次检查制动系是否漏油、有无空气、零件不良或制动鼓与制动蹄片间隙太大等，并予以修理更换。

第 76 页

（1）应变方式：拉起驻车制动、换入低速挡、下山坡时以汽车侧面与山壁或横杆摩擦减速停车；

（2）保养预防：下长坡用低速挡、制动片厚度不宜太薄、涉水后应试踩制动检查制动踏板检查制动作用、平日应多检查制动油面高度、制动油应定期更换。

第 5 章

第 88 页

（1）螺旋弹簧：自由长度、弹力、正直度及是否断裂；钢板弹簧：自由弯曲度及是否断裂。

（2）检查是否损坏及漏油；将把手装到活塞杆上，然后压下及拉出减振器活塞至少3次，确定每次施力皆相同，而且没有产生异响（如下图所示）

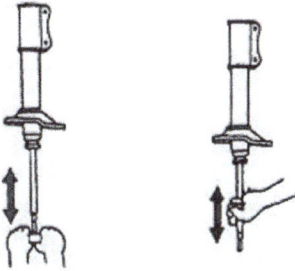

第90页

机油或黄油等油脂会对橡胶材质造成不良影响。

第91页

新旧弹簧的情况（如弹力、自由长度与正直度等）并不相同，故基于安全考虑，应左、右侧同时更换。

第94页

钢板弹簧间会有不同部位的接触痕迹。

第6章

第100页

安装转向盘时，车轮未在正直位置或车轮定位（如前轮）不良等。

第105页

（1）车轮平衡不良；

（2）转向连杆松动；

（3）悬架装置松动或不良；

（4）胎压不足；

（5）只有在制动时转向盘才抖动，制动圆盘失圆。

第108页

以免油泵或齿轮负荷过大，造成磨耗。

第7章

第117页

须做好安全防护措施。如在车后50 m处放置故障三脚架及开启警告灯等。

第120页

不可在行驶一段时间后，因轮胎温度升高导致胎压升高，而予以放气来降低胎压，因为这是正常现象。

第123页

胎壁较柔软，若碰触尖锐物或安全岛、人行道等边角时，极易损坏。

第126页

（1）换新轮胎；

（2）高速行驶时，转向盘抖得很厉害；

（3）轮胎不正常磨耗等。

第128页

将涂有接着剂之橡胶塞塞入破孔，以防止车轮内的空气泄漏。